Non trovano sbocco

i timidi zampilli

ch'inondare bramano

le profondità

dei cuori delicati.

Ma forse laggiù

un cuore delicato

sta già cercando te

Mara Spoldi

Timidi *Zampilli*
Gocce di luce nell'arida Sfera

a Viviana, mia sorella

Ogni parola
rimasta imprigionata
nei meandri dell'inconscio
è la poesia che ancora
deve prender vita.

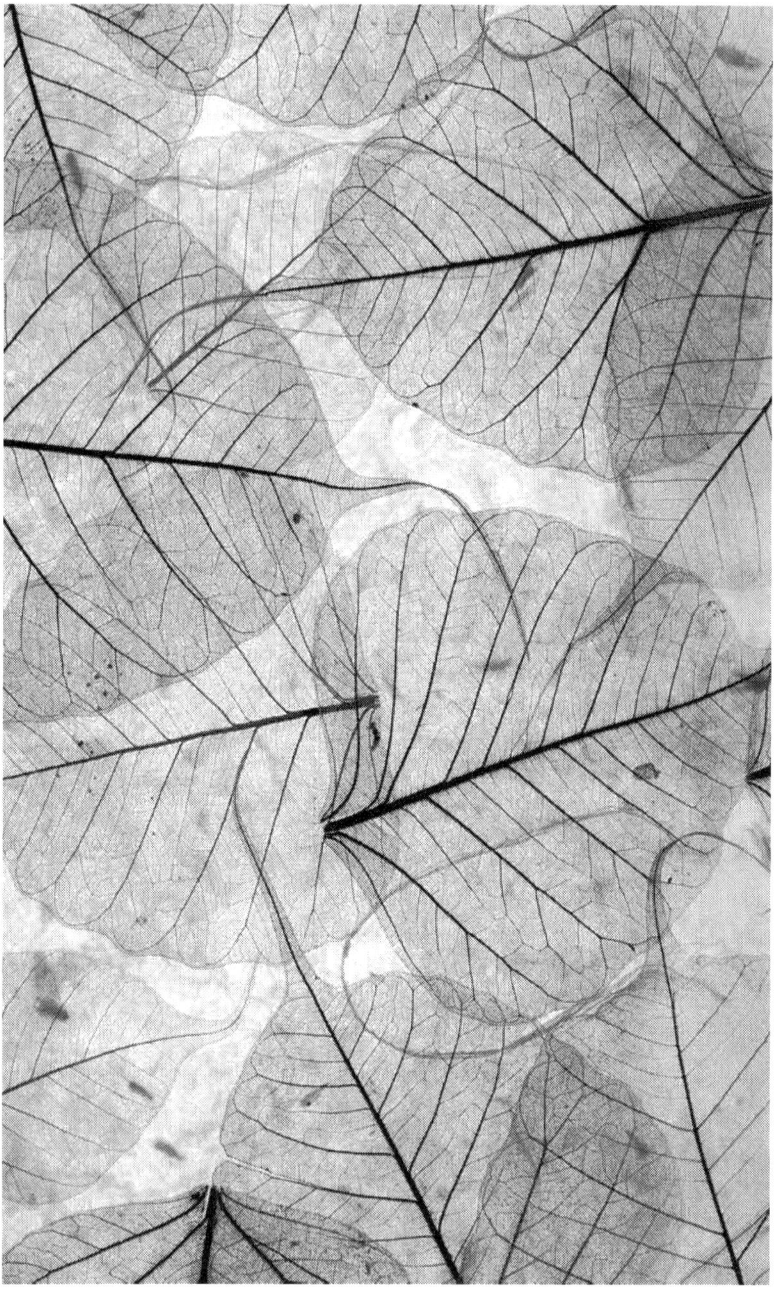

Presentazione dell'opera

Erano anni ed anni che non leggevo poesie permeate dal cattolicesimo o da altra religione, che spesso raggiungono il misticismo. (Voi mi sapreste citare qualche poeta moderno tanto apertamente religioso?)
Esagero e chiedo scusa, ma dalle mie antiche reminiscenze scolastiche, oltre a Santa Teresa D'Avila, risorge nella mia memoria Jacopone da Todi, morto nel 1306.
Devo far presente che, sul piano formale, da quando è cessato l'obbligo di applicare la metrica nella composizione delle poesie, i poeti hanno fatto sempre a gara nel riammodernare la lingua, nell'introdurre vocaboli e modi di dire nuovi, nel compiere arbitrii, insomma hanno sviluppato -in maniera qualche volta esagerata e per me fastidiosa- quella che io definisco "logotecnica", cioè tecnica della parola, anziché poesia.
Ora, inaspettatamente, incontro la poesia di Mara Spoldi, nella quale lei usa ancora le dieresi, le sinossi, i diacritici e i troncamenti *«Ti pieghi/ cogli 'n fiore/ lo rinneghi»* oppure *«Tessi la tela/ Ragno/ ché 'l piè mio poggi saldo/ ad occhi bendati/ sul creato de' più antico tessitore»* eccetera.
Non vedevo e non leggevo di questi usi antichi dal tempo in cui Vincenzo Monti (1754-1828) traduceva in modo aulico l'Iliade e l'Odissea di Omero, che negli "originali" o nei molti rifacimenti erano scritti in lingua greca, che era arcaica anche per gli antichi greci, quelli dell'era di Socrate, Platone e Aristotele.
Usavano anche queste abbreviazioni linguistiche (definiamole così), per ultimi, Ippolito Pindemonte (1753-1828) e, un pochino, anche Ugo Foscolo (1778-1827).

Perché l'autrice applichi alle parole queste "elisioni", definiamole genericamente così, io non lo so. Ma so che lo fa sistematicamente, continuamente, costantemente, come strumento connaturato del suo linguaggio, che non le consiglio assolutamente di modificare. Fa parte del suo stile omogeneo e, chi vuole, può interpretarlo come una "provocazione" o "restaurazione" contro la imperante e sfacciata logotecnica cui accennavo prima.
Questi suoi modi arcaici possono essere visti come una sfida e una provocazione all'abusato linguaggio moderno.

Ricordate i tormentati e passionali romanzi sardi di Grazia Deledda, gremiti di forti sentimenti, di peccati, di amori illeciti, di rimorsi di coscienza, di sacrifici e purificazioni, ambientati negli accesi paesaggi della Sardegna? Agli Accademici di Svezia, che le assegnarono il Premio Nobel, erano sembrati permeati di universale sentire umano -come nella Bibbia-, intrisi di profonda e sempre eterna natura umana, costituita di perdizioni e redenzioni, in Sardegna come in Egitto, in Mesopotamia come a Babilonia, in Russia come in America. Ovunque c'è umanità. Per questo Grazia Deledda fu considerata -ed è- quello che si dice una "narratrice di razza". Nell'ambito delle soldatesse di Cristo, delle benefattrici e delle altruiste, anche Mara Spoldi è una "poetessa di razza".

«Dall'alto si scaglia/ zelante l'aiuto/ ch'il nostro tardare/ anticipa l'arrivo»…«L'intima ricerca/ d'un'orma guidata/ oggi diviene l'eco peregrina/ grazie»…«Nel colore ritrovato/ giappiù per l'acque mie/ l'ardito passo tendo/ ma l'affanno d'ogni tappa/ al grande Padre offro/ per allietar di luce/ l'anime più care»…«Benedett'i pellegrini/ da chi porta 'l bianco velo/ ed un poco s'appaga/ l'intrinseco desìo/ dell'Alta compagnia»…«L'etere tersa/ ch'incide poemi di nubi radiose/ narra del calice 'l segreto»

In questi ultimi tempi (oltre che in tutti i tempi), il pellegrinaggio a Santiago di Compostela ha assunto un carattere molto profanato dai mezzi di comunicazione. Affrontano questo viaggio anche coloro che sono miscredenti, per sport, avventure e divertimenti. Alcune iniziative mi hanno addirittura lasciato perplesso. Invece, nel viaggio della Spoldi, io vi troverò un fervore che può essere

paragonato, mutate le epoche e le circostanze, a quello di Caterina Benincasa, passata alla storia come Santa Caterina da Siena, eletta addirittura a "dottoressa" della Chiesa.
Non so se il misticismo aiuti a produrre o no arte e poesia, ma di artisti, pittori, musicisti, scultori che hanno compiuto le loro opere anche in preda a un certo loro rapimento o a una ricerca mistica, ce ne sono molti.
A me sembra che la poesia di Mara Spoldi, altresì nella tendenza del suo linguaggio verso certi arcaismi di cui ho già parlato, lei si giovi di molte risorse spirituali e di ieratica immaginazione, di accesi sentimenti e di ferventi rappresentazioni, per ottenere l'ardore ascetico, l'illuminazione, le risorse dall'Alto che va cercando con fede e speranza, e non le mancano squarci lirici suggestivi. Insomma, sono onestamente convinto di trovarmi, al di là d'ogni altra considerazione d'altro genere, davanti ad una artista autentica.
Forse l'altruismo, a parte la religione, è una forma di elevazione civile degli uomini? Si pensi come si vuole, ma la Spoldi, in certi suoi propositi, scelte di vita, rinunce, somiglierebbe, nel suo poetare, ad una monaca buddista. Credo che questo non possa offenderla o dispiacerle in alcun modo perché vuole essere un complimento. Anche Francesco d'Assisi chiamava "fratello" e "sorella" il fuoco, l'acqua, le piante, gli animali, "fratello lupo", "sorella nostra morte".

Concludo con una semplice constatazione: "Redento" e "Pacata ambrosia" sono due poesie brevi, due piccoli capolavori venuti benissimo, ma ben distinti. L'una, Redento, è dichiaratamente religiosa; l'altra, Pacata ambrosia, è, per così dire, laica.
Questa è per me la controprova che Mara Spoldi, sia se continuasse a svolgere la sua opera altruistica e religiosa, sia se cambiasse vocazione e si dedicasse a una vita agnostica o indifferente verso la religione, è una poetessa. E tale, in ciascun caso, resterebbe.

Teodoro Giuttari
Direttore letterario

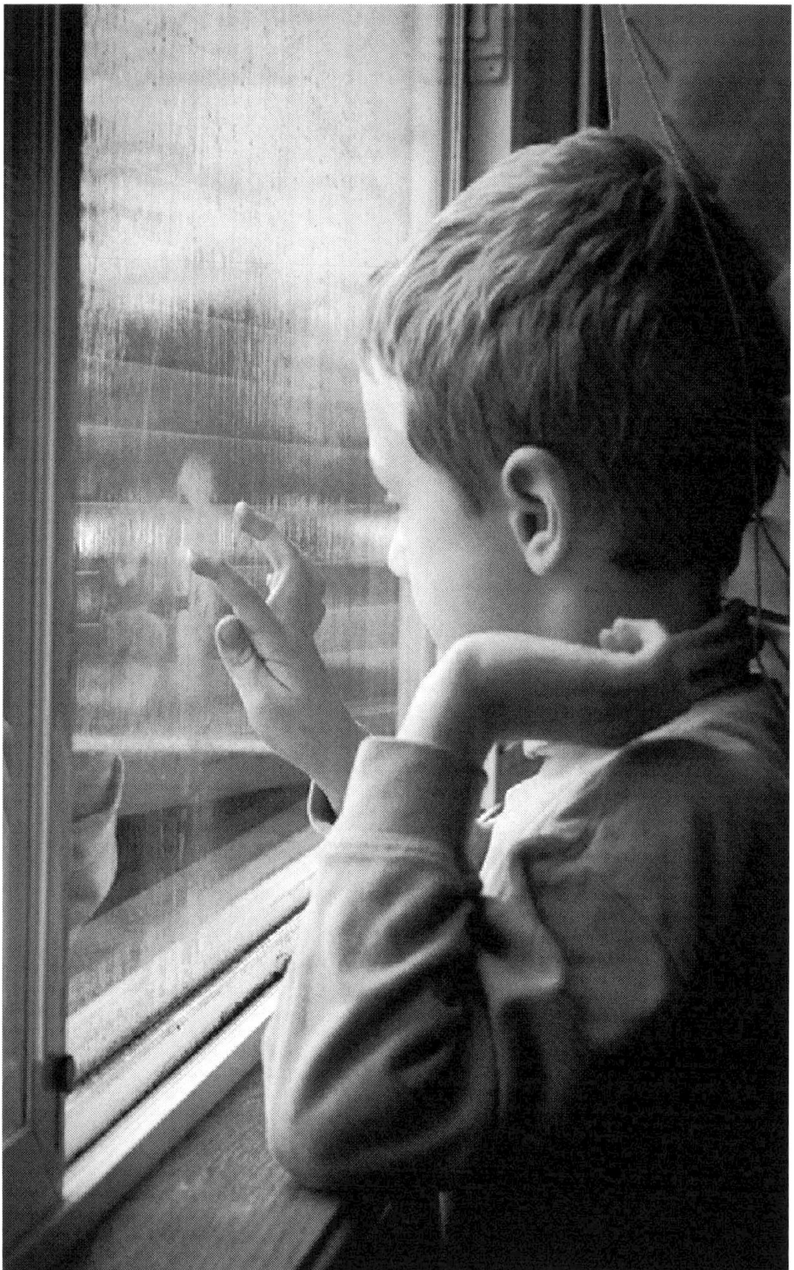

A Matteo
22/06/2002

Mai più l'udirò
il mio nome, tra la folla
e mai più, voltandomi vedrò

il volto radioso, fiorente
oggi, nell'antro
pallido, assente.

Perché?
Tu dimmi, perché?

Domanda sterile.
-nel deserto sconfinato di risposte-.

E dimmi, che sarà?
Tu già sai com'è l' Aldilà.

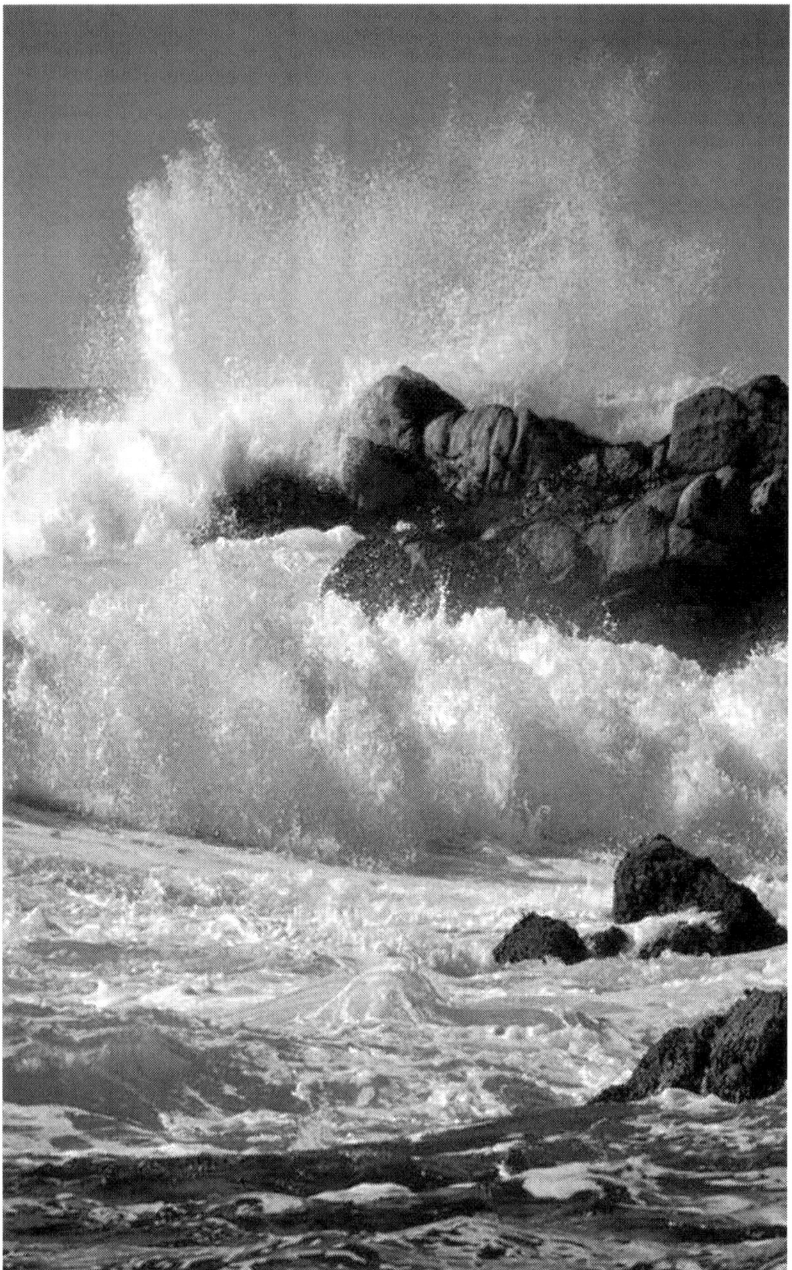

Il mare dentro me
15/07/2002

IMPETUOSO MOVIMENTO,
IRREQUIETO
TORMENTATO
TEMPESTOSO

ANIMO VIOLENTO.
GRIDO DI RABBIA
E DI DOLORE

INCUTE TIMORE!

ONDE SQUARCIATE SUGLI SCOGLI
E MORTE ALLA DERIVA
ESAUSTE
SPOSSATE

DOPO AVER DATO SFOGO ALLA LORO IRA
DOPO AVER SCATENATO IL LORO FURORE.

SPIRITO VIOLENTO
ADIRATO
PERCOSSO
SFIDATO
ED ESPLOSO

IN UNA TEMPESTA DI RABBIA
E DI DOLORE

CHE INCUTE TIMORE!

SUBLIME POTENZA
INQUIETANTE GRANDEZZA

TU PERCUOTI GLI ANIMI,
SOLITI A PENSARTI NELLA QUIETE DEL TRAMONTO

HAI MUTATO IL TUO VOLTO, OH MARE

E RIFLETTI IL MIO.

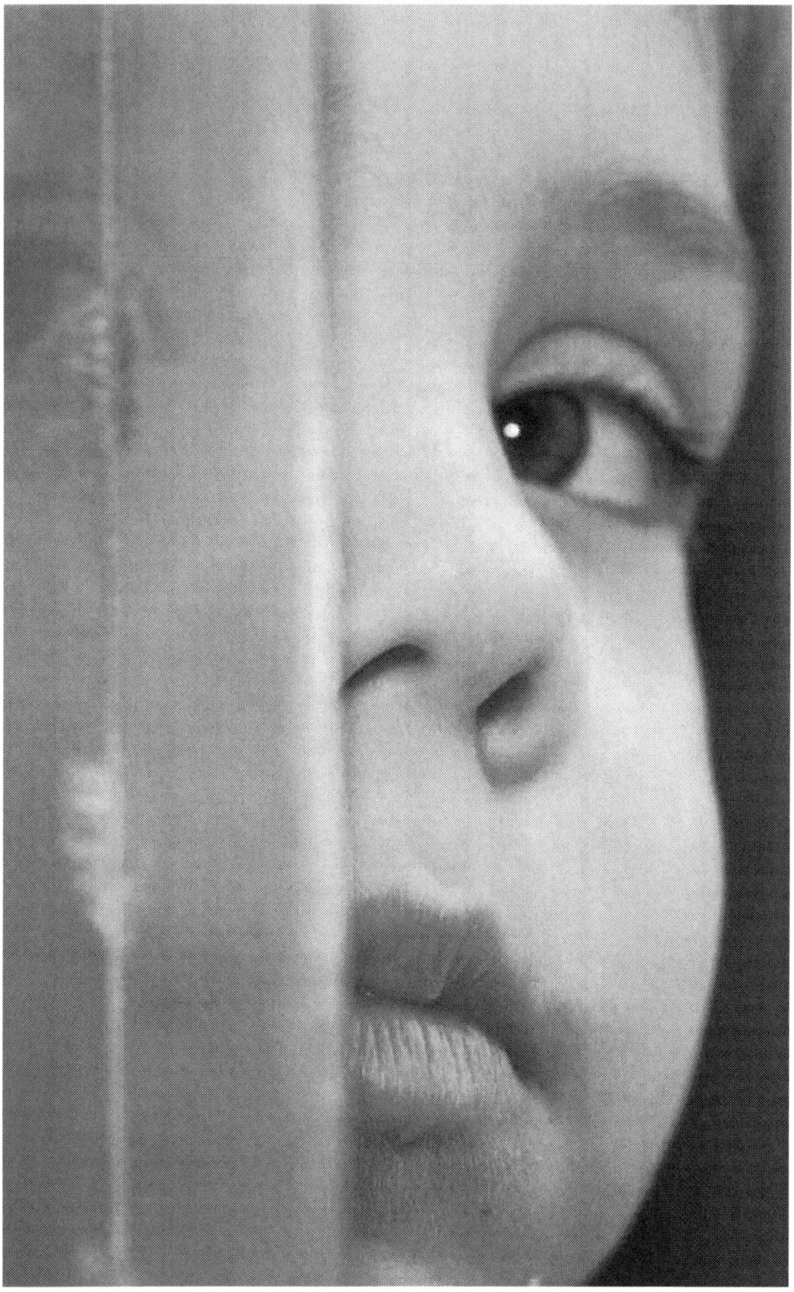

Morta la carezza
19/09/2002

Cala 'n mar la grande stella
come scema dentro me,
perché ora sono certa
che la speme più non v'è.

Chiedi se, nell'amarezza,
io non abbia ancora pianto?
solo sdegno e corrosione
han colmato 'l cuore infranto.
Morta è la tua carezza,
più non soffi, oh dolce brezza…

Sognatrice
28/09/2002

Granello di sabbia

nel mare

mi sento.

Correnti e maree

mi fan sobbalzare.

Mossi a lor volta

da luna e da vento.

Percorso di vita

in costante tormento.

Vorrei governare le mille tempeste

trionfante afferrare la meta più ambita

raggiungere l'isola tanto sognata,

io fiera sarei

di essere nata.

Dal fondo del mare poter risalire

vedere stupita la luce del sole

placare di nuovo quel buio ch' assale

in fondo agli abissi mai più boccheggiare.

Da mondi fatati vorrei attingere,

il cielo al tramonto per sempre dipingere;

e questa utopia che inganna e tormenta

deride la piccola bimba contenta;

e questa chimera stordisce la mente,

io son sognatrice

inconscia del fatto

che anche una stella

è immersa nel niente.

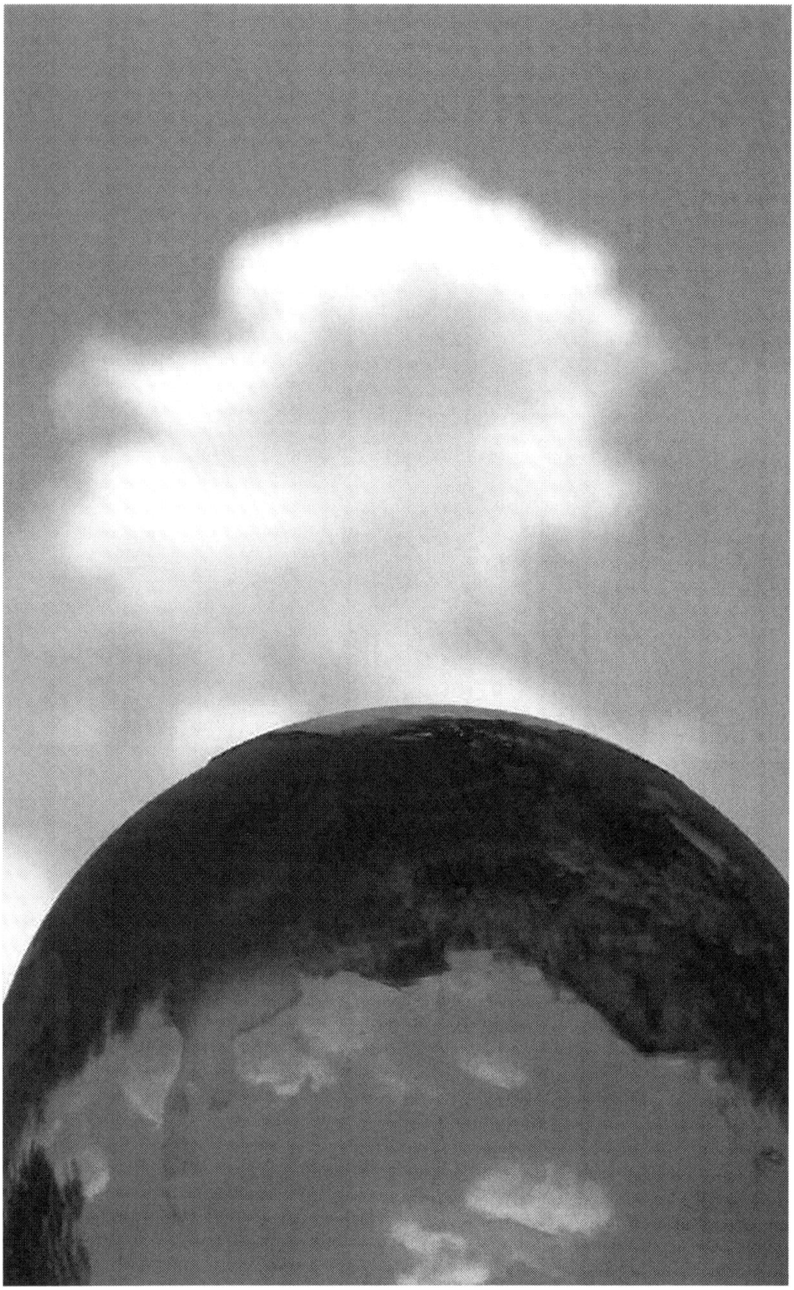

Il mondo da un balcone
14/10/2002

Mia sorella ed io
affacciate a quel balcone,
stupefatte ci accorgemmo
la montagna fu illusione.

Lì comparve poi quell'uomo
misteriosa identità,
era buio tutt'intorno
una strana oscurità.

E vedemmo all'improvviso
quella scura semisfera,
il paesaggio dell'infanzia
ad un tratto più non c'era.

Dal balcone apparve 'l mondo,
disse l'uomo come un duce
che speciale fu colei
che avvistò la prima luce.

Mia sorella la indicò,
un istante dopo anch'io
e s'accesero nel mondo
tanti segni del buon Dio.

Quegli aloni colorati
indicavano la gente,
eran tutti neri e blu:
quanto male, quanto niente!

Ed in netta minoranza
eran l'anime più stanche,
circondate più splendenti
da gran luci rosse e bianche.

Privilegio fu per noi
quell'insolita visione,
ma che pena constatar
del Suo mondo l'estinzione.

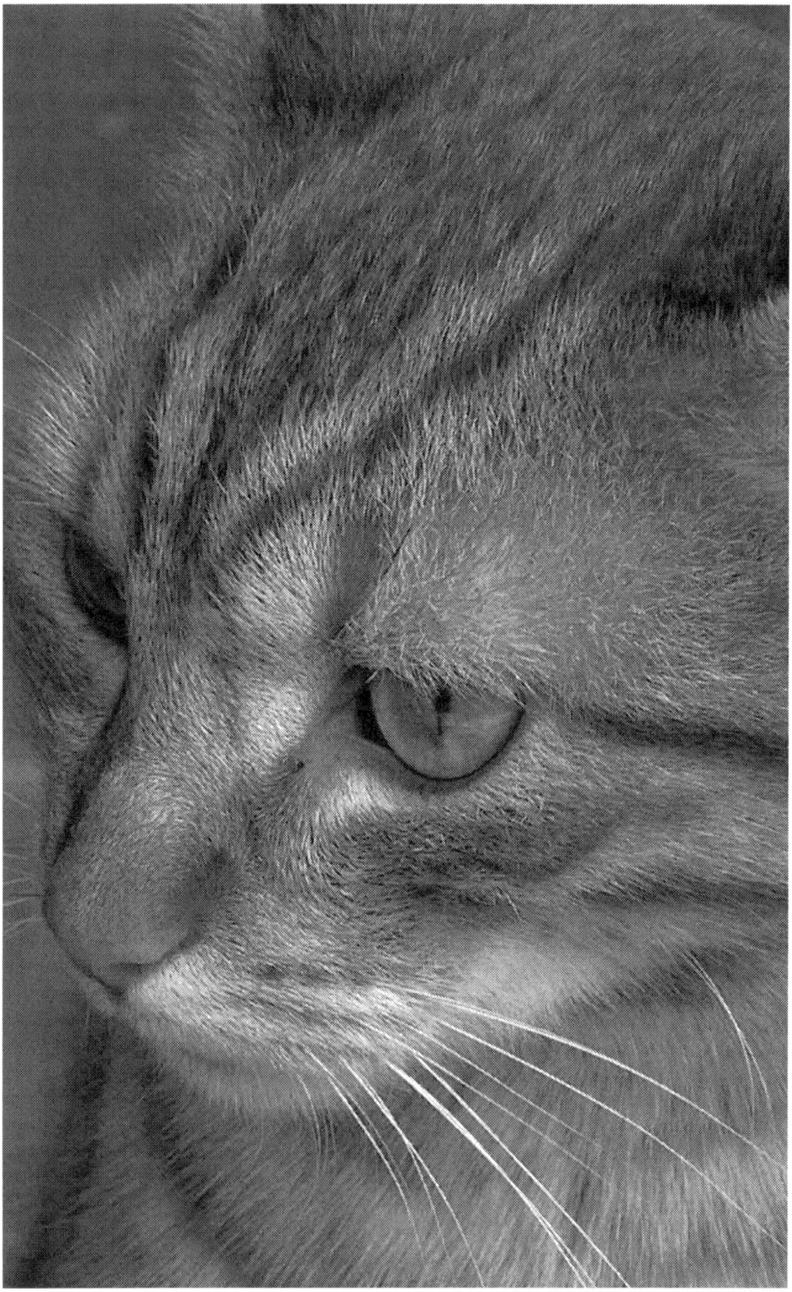

Spirito felino
26/10/2002

Vasti occhi verdi
manto ramato,
balzo felino
sguardo incantato.

Se calano l'ombre
con cauta movenza,
mi vedi nel buio
eterea presenza.

Esanime statua,
scatti bruscamente.
Chi mai scoprirà
che ti scorre nella mente?

Un alone di mistero
circonda la tua vita,
mi chino, t'accarezzo
poi mi sfuggi tra le dita.

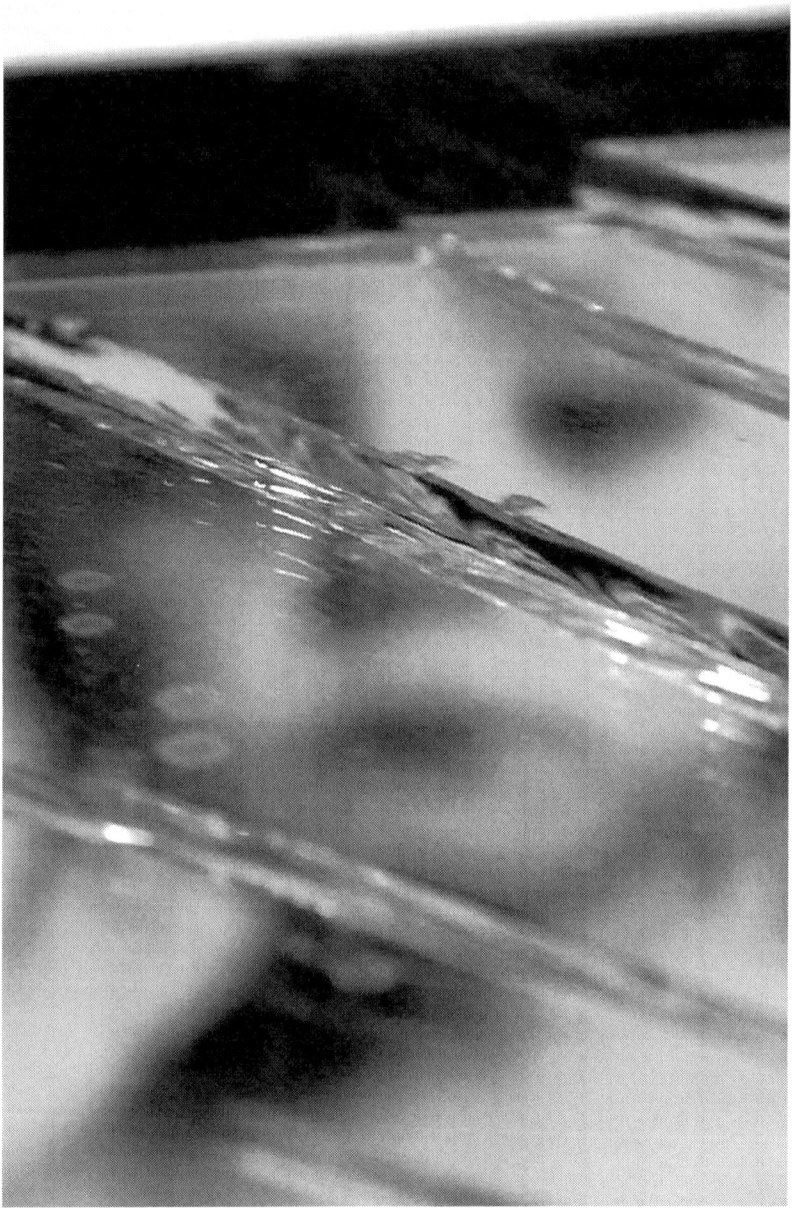

Amore represso
28/10/2002

Quanto amore represso

soffocato

nascosto

celato

dentro me.

Sgorga dalle lacrime

lo vedi?

lo senti?

Vorrei strapparmi il cuore

per farti capire

quanto è colmo d'Amore!

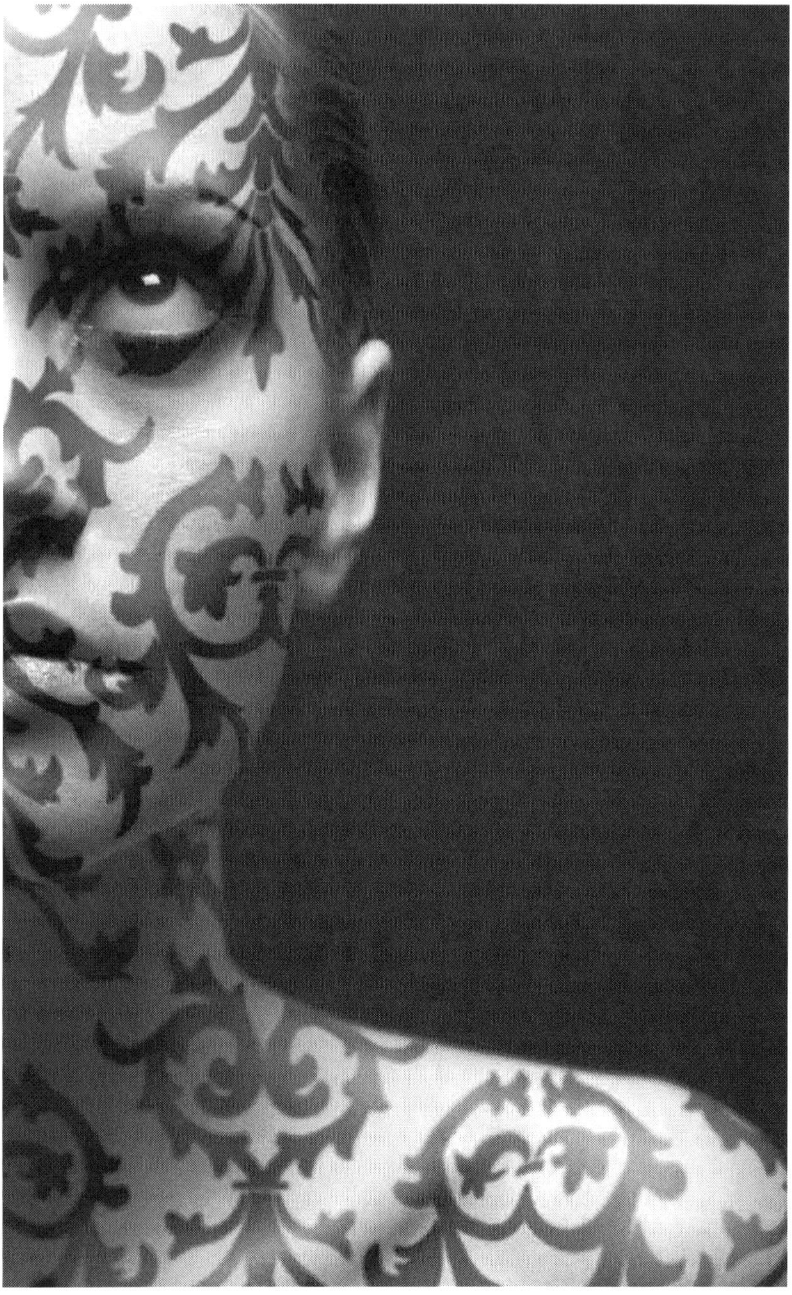

Maschera di sangue
8/11/2002

Inconscia sfilai
quello strato opaco
che celava metà
del mio candido viso.

Una maschera fine e velata,
divenne corposa e violacea
dopo averla gettata.

Rimasi stupita
davanti allo specchio,
due profili contrapposti
delineavano il mio aspetto.

Quello di destra
limpido e pulito,
quello al suo fianco
scuro e rattrappito.

Lo sguardo si posò
oculato sullo specchio,
la mia spalla di sinistra
mi destò qualche sospetto.

La mia mano vi sfiorò
i capelli da quel lato
e si tinse già di rosso,
era un rosso assai marcato.

Sul celeste pavimento
s'ingrossava a vista d'occhio
quella fluida macchia scura
e saliva la paura.

Tutto il sangue che scorreva
dalla spalla con fervore,
non causava sul mio corpo
nessun tipo di dolore.

E rimase lo sgomento
anche quando mi svegliai,
di quel sogno inusuale
il suo senso ricercai.

Quell'identità sdoppiata
che si cela dentro me,
si percosse sul mio fisico
nello strano mondo onirico.

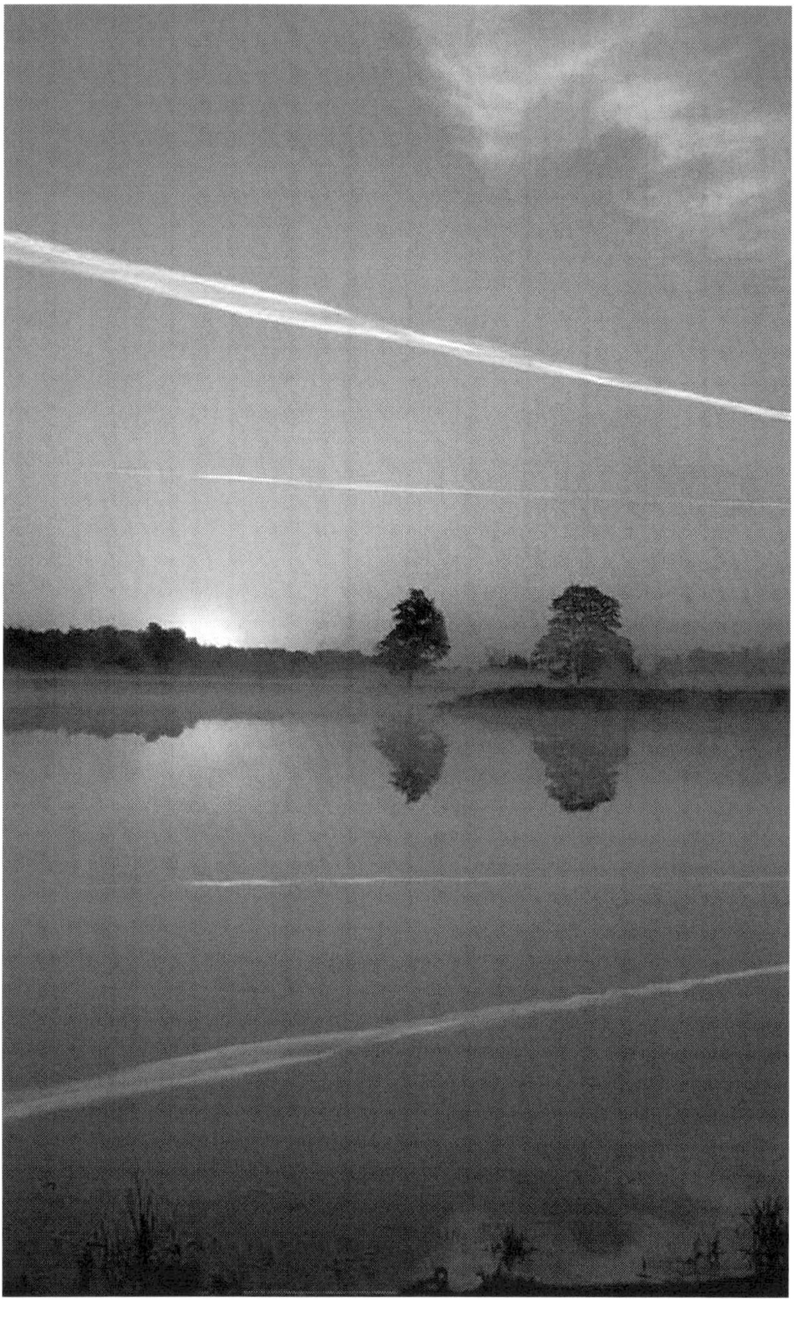

Sento la voce
18/12/2002

Svanito quel tormento
quello stato di torpore,
un'ascesa graduale
al piacevole tepore.

Ero sola, assetata
ero stanca, affamata.
Sete d'affetto,
fame d'amici
mondo imperfetto.

Ora -d'un tratto-
scorgo nel cielo
nel cielo piangente,
un lume lontano
che brilla insistente.

E mentre il mio treno sfreccia veloce
dell'amore sognato io sento la voce.

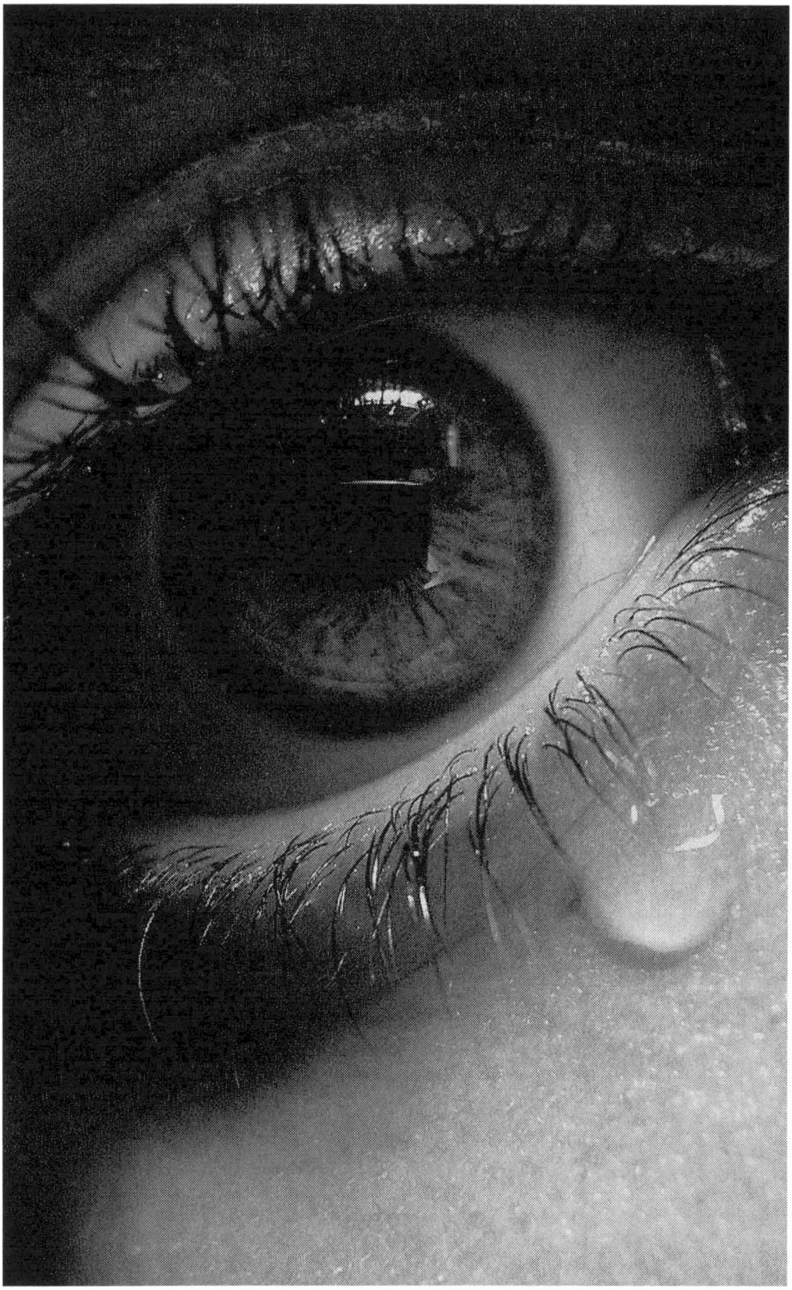

Pianto stanco
31/12/2002

Tua figlia siede
disperata;
occhi fissi sopra il suolo
sconsolata;
sguardo cupo inumidito
asciugato con un dito.

Tu la guardi indifferente
lei nel cuore attende invano
oltrepassi quella porta
allibita lei si volta
te ne vai, la lasci sola
e da sola esplode il canto
del suo mesto pianto stanco.

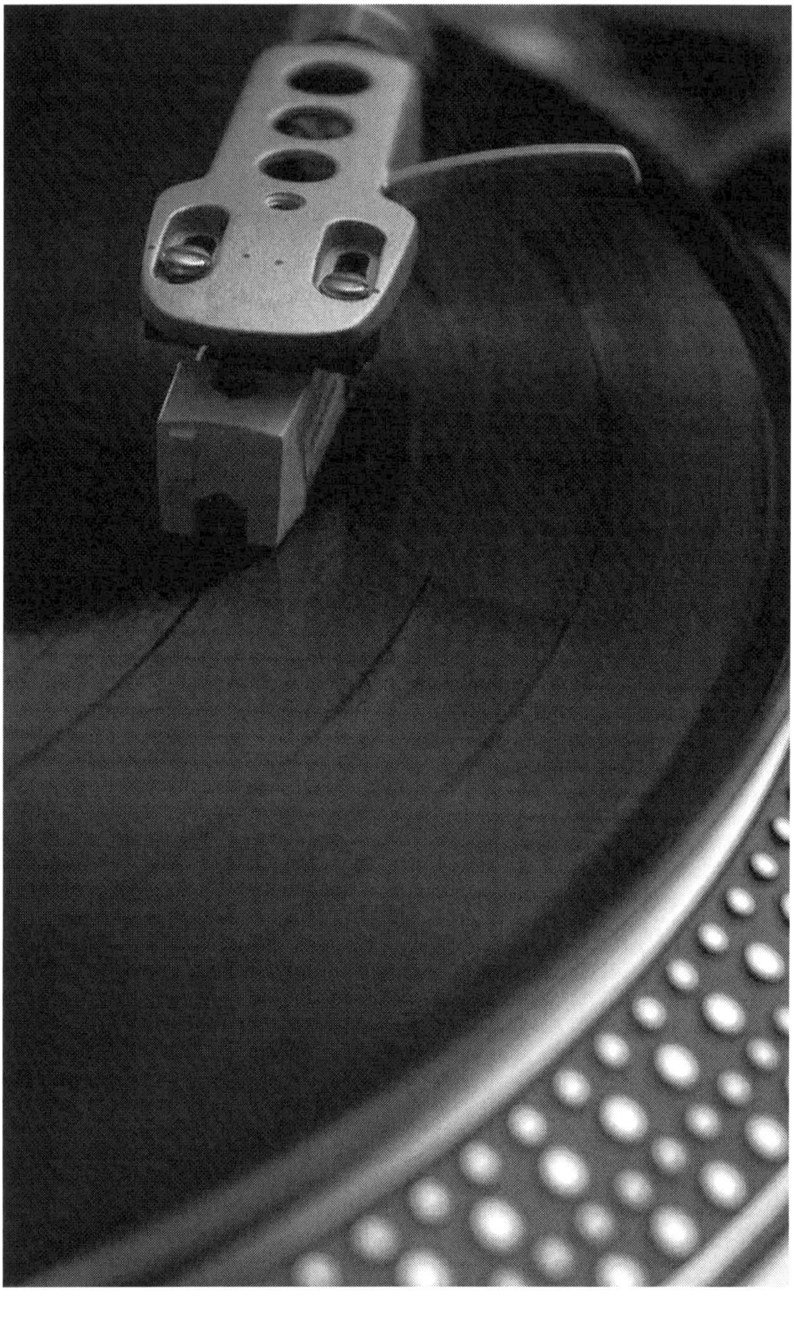

Quando la musica non c'è
18/01/2003

Aleggia nel vento
sublime
sinuosa
voce melodiosa,
limpida
leggera
compagna della sera.

Scala verso il sole
ali di farfalla
luce nella notte
brezza sul tuo viso
angelico sorriso.

Energica dolcezza
violenta
aggressiva
fragile potenza.

Penetra nel cuore
s'espande nelle vene
t'avvolge con fervore,
eterna guerra fredda
del male contro il bene.

Forza che pervade.

Fuoco che t'assale.

Esplode il sentimento.

S'infiamma il sangue dentro.

Braccia verso il cielo
grido del tuo cuore
cresce l'emozione

invasa dall'amore
scoppi in commozione!

Tutto poi scompare
negli abissi di quel mare
negli abissi del silenzio
ed il vuoto torna dentro.

Solo gelo dentro me
se la musica non c'è.

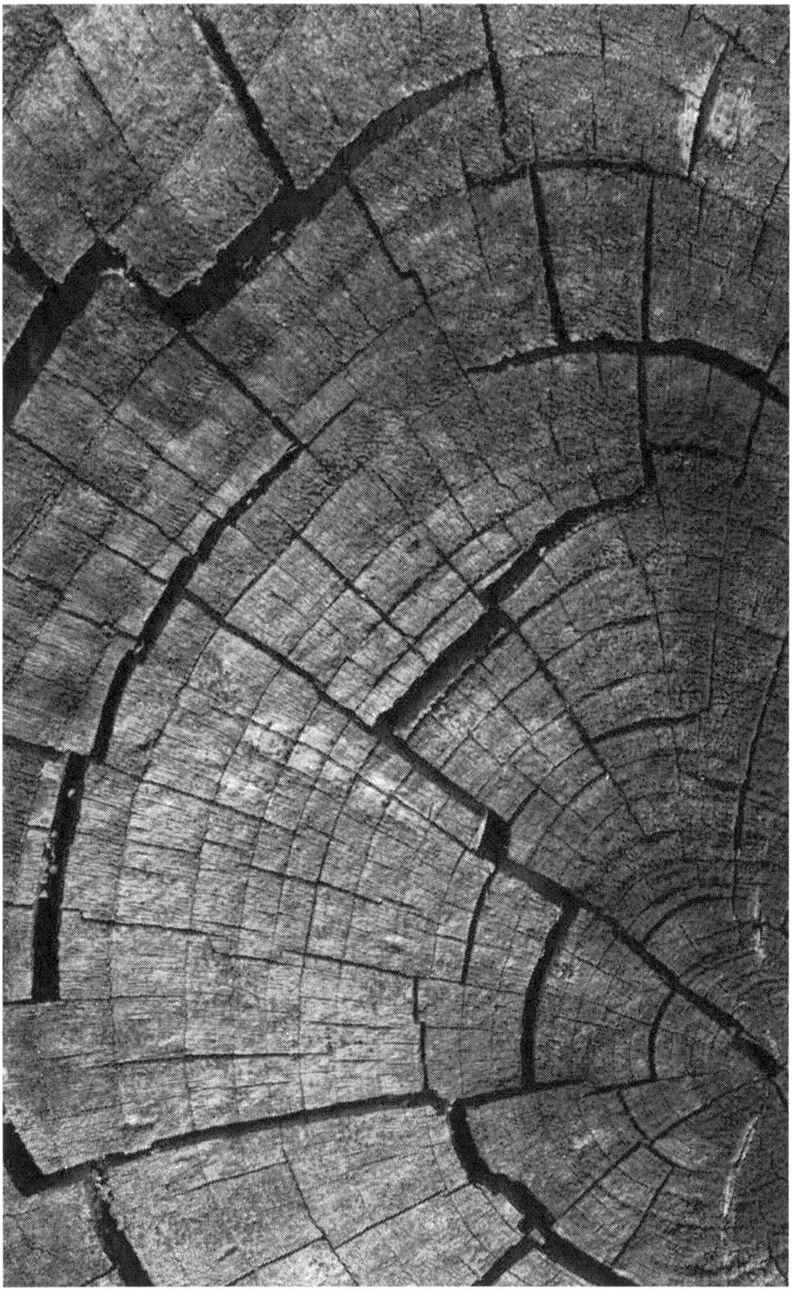

Il volto del presente
23/01/2003

Il volto del presente
cela spesso la ricchezza
la ricchezza d'una vita.
D'una vita intensa,
travagliata, immensa.

Appare fierezza
costanza
forza
sicurezza;
senso del dovere
grido di giustizia
d'un uomo attivo
severo
armato di furbizia;
che predica lavoro
impegno
sacrificio,
che sembra rifiutare
ogni genere d'amico.

Ma traspare tenerezza
luce
entusiasmo
voglia di dolcezza;
capricci d'un bambino
vivace
sorridente
fuoco d'un camino;
occhi color cielo
colmi di bontà
valori
sentimenti
sensibilità;

un uomo, tutto questo
un uomo, mio papà.

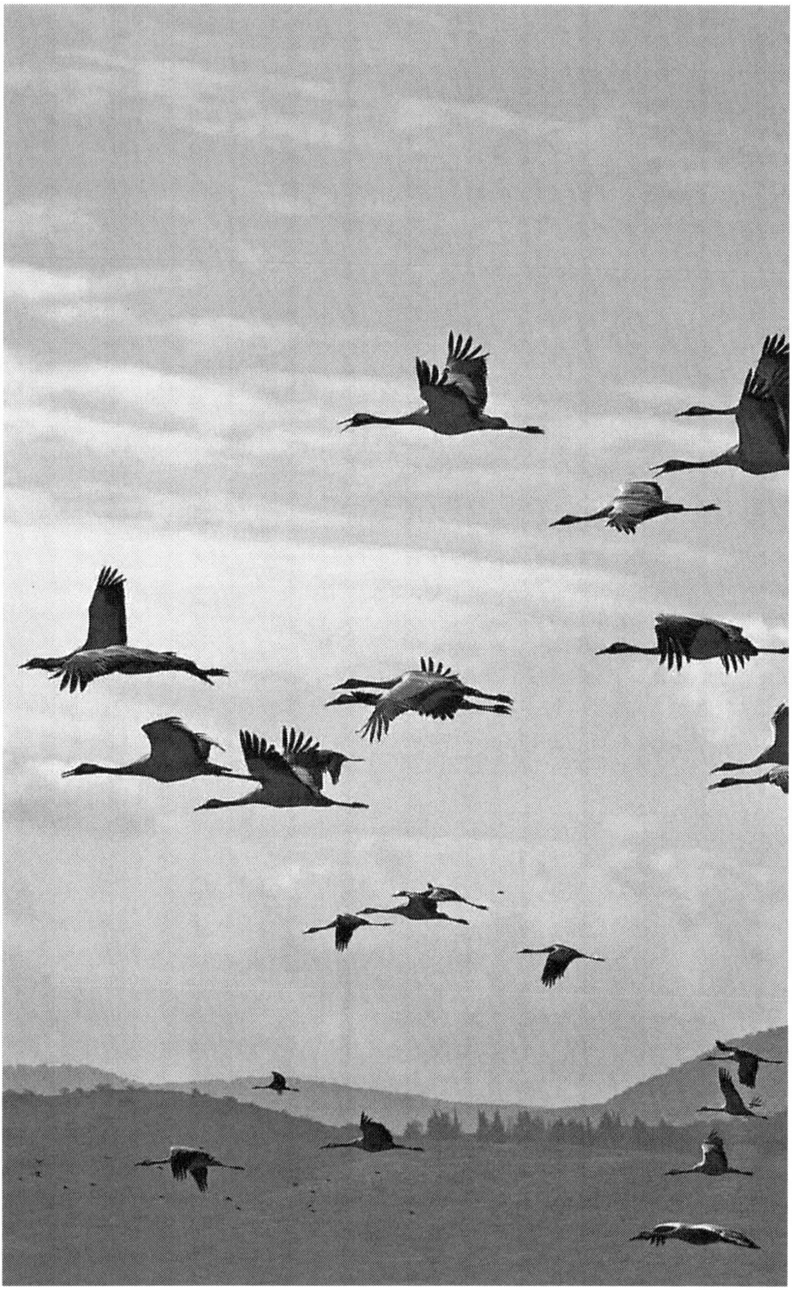

Intenso vagare
26/02/2003

Ondeggiare di ricordi
sfumature di pensieri
nel confuso mio vagare
tra le strade di città.
E la musica del cuore
che riscalda queste vene
è barriera contro il gelo
che la gente fa tremare.
Tra la folla mi confondo
ma da essa mi distinguo
e mai più ne sarò parte
conquistata libertà!

Ondeggiare di ricordi
dolce incontro di pensieri
nel confuso mio vagare
col tuo spirito nel cuore.
E la musica m'invade
chiara corro verso il sole
un bagliore sul mio viso
mi rammenta il tuo sorriso.
Bramo ancor la leggerezza
esplosione di dolcezza
come breccia di dolore
i miei sensi fa tremare.
Estasiata dall'amore
nell'intenso mio vagare.

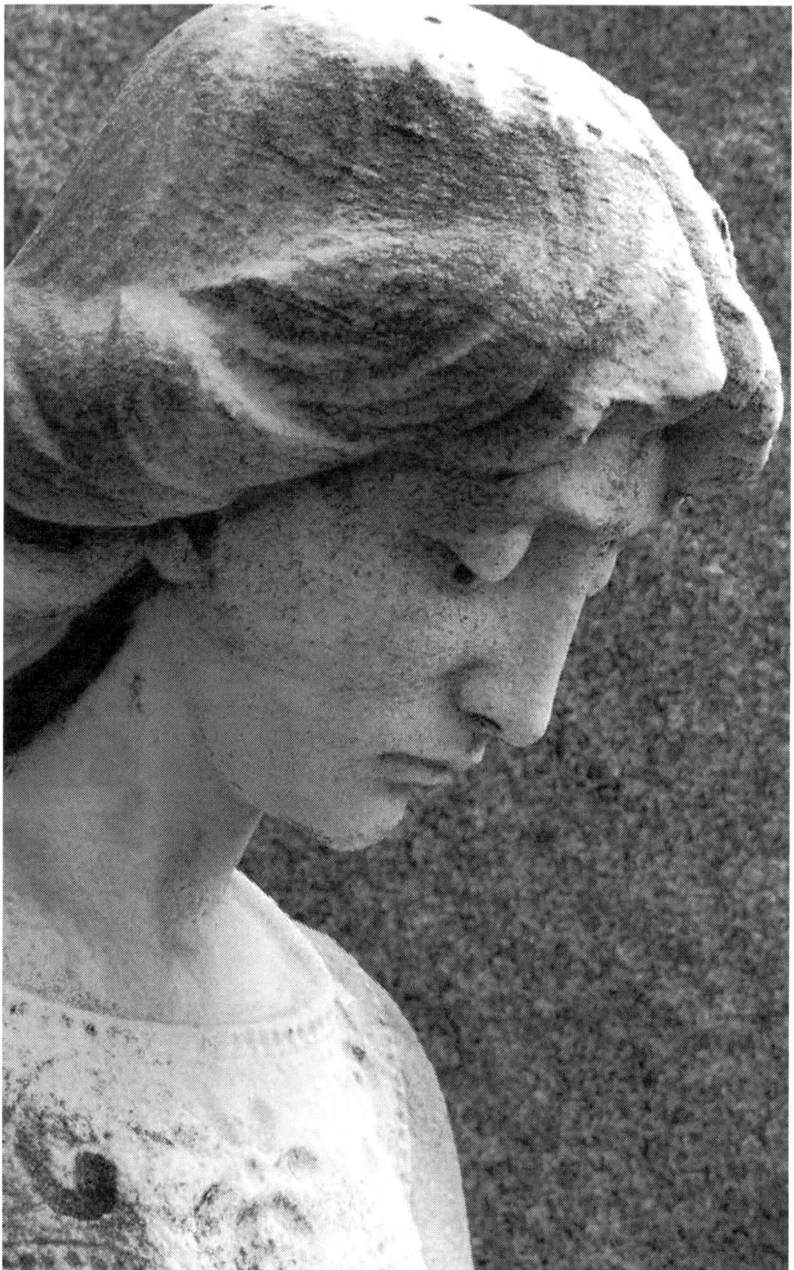

Dolore
10/03/2003

Lucciole nell' ombra, brilliamo
-sfochiamo-
Spiriti nel cielo, fluttuiamo
-precipitiamo-
Fiamme nel mondo, bruciamo
-spiriamo-

e mai mitighiamo questo dolore,
questo dolore chiamato Amore.

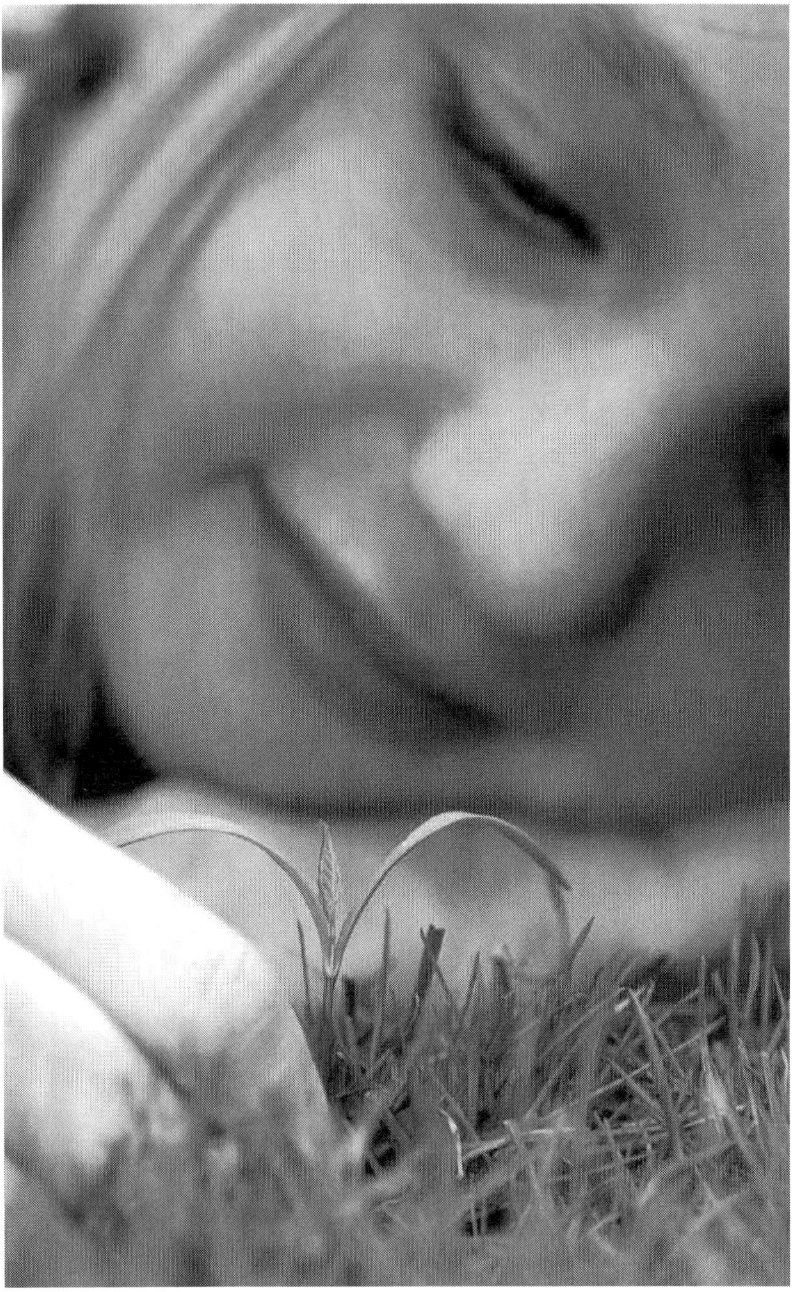

Innato rinnovo
16/04/2003

Lunga l'attesa
del dolce risveglio,
gelo pungente
nel fresco ricordo.

Candido viso di dolce bambina
con puro sorriso di fresca beltà,
intatta nel cuore
nell'animo cheto
l'angustia del tempo saprà contagiar.

E l'ombra del solco
già cela quel velo,
quel velo leggero di mite freschezza,
per poi riscoprir che quest'animo cheto
l'innato rinnovo
farà risbocciar.

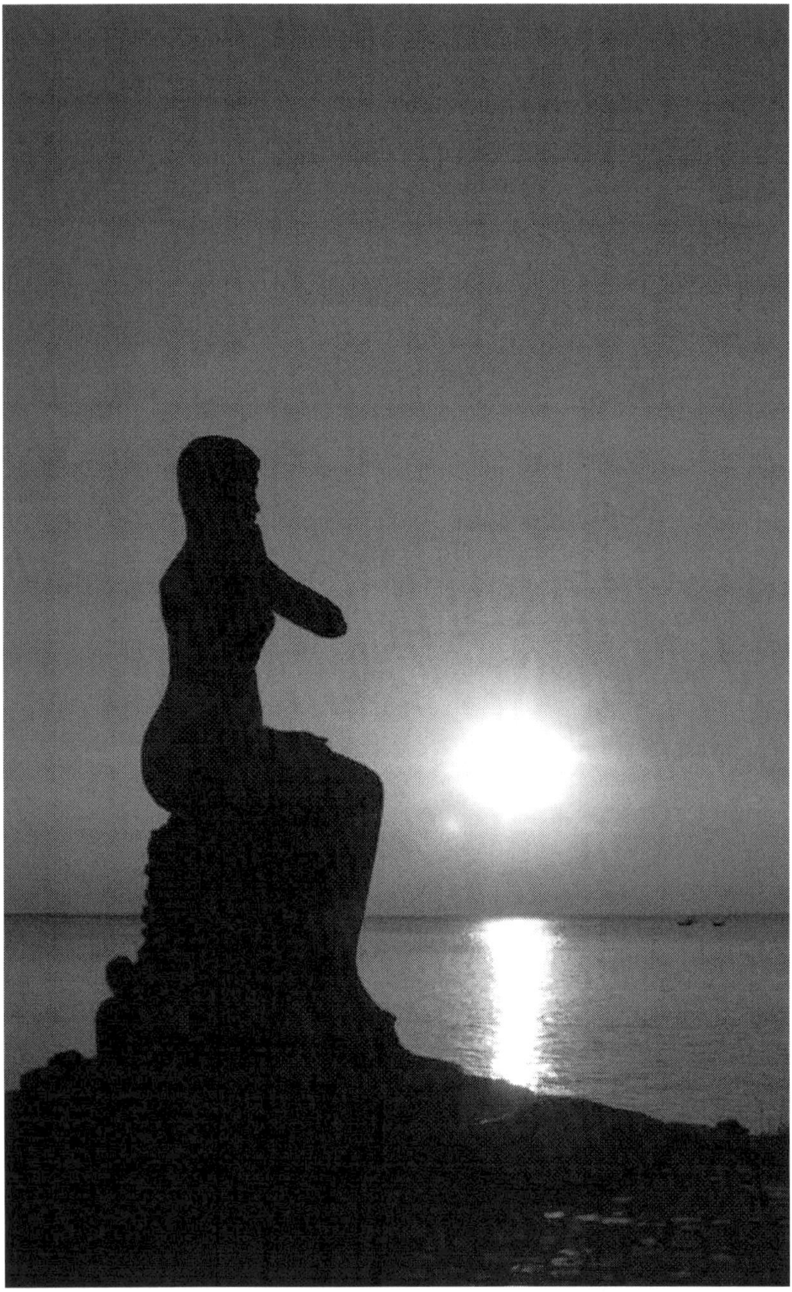

Immersa-mi
19/04/2003

Come vita già vissuta
soluzione inaspettata;
desiderio di vagare
ma dovere di restare.

Consueta tentazione,
rinnovata ritorsione.
Occhi schiusi nella luce
nella luce del mio niente;
non percuoto più la mente.

Salda forza mi possiede,
al mio mondo mi concedo;
continenza inusuale,
mi rituffo nel mio mare.

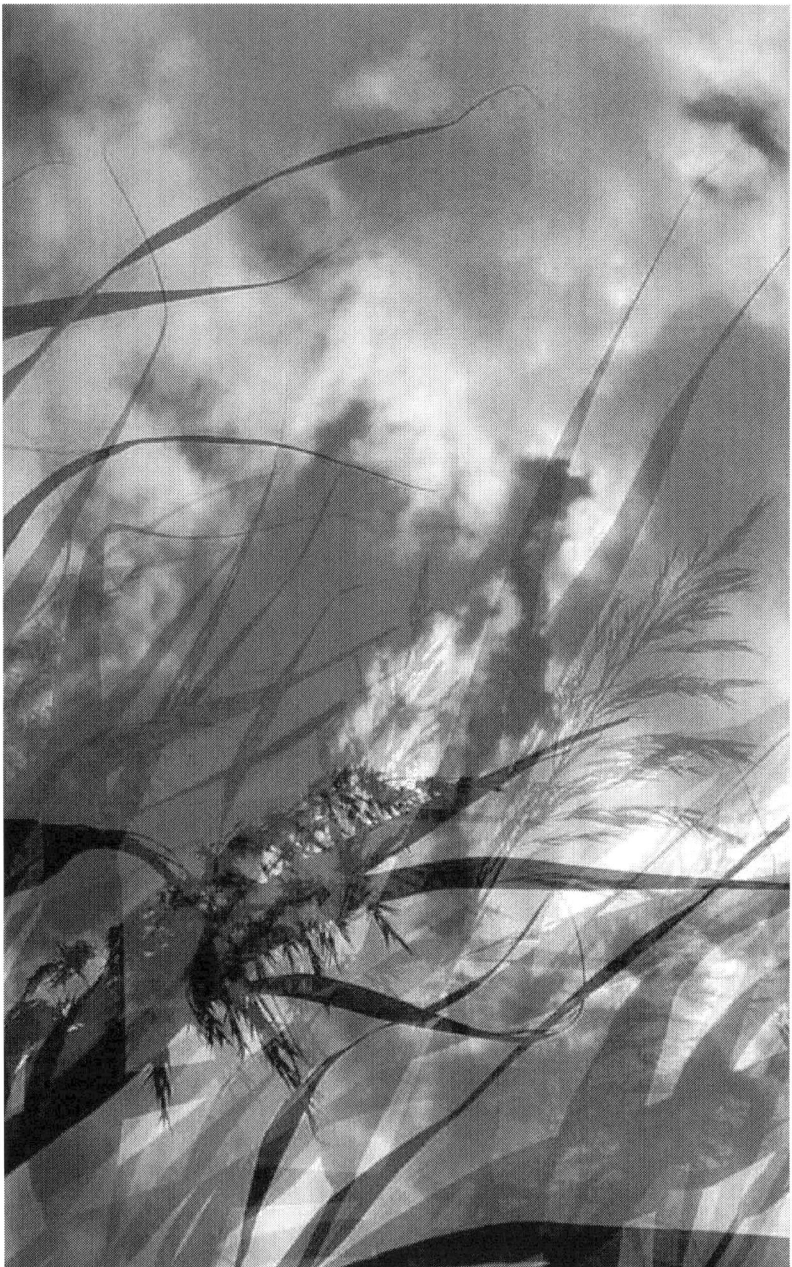

Sussurri nel vento
03/05/2003

Immane silenzio
percuote sul corpo,
immune la mente
pervasa dal vento.

Contrasta l'interno
col clima silente
che cela sussurri
cullati dal cielo.

Ondeggia soave
dall'alto celeste,
si scaglia tremante
nel tiepido mare.

Traspare catena di lieve magia,
umana la scelta
di coglier l'essenza
d'innata armonia.

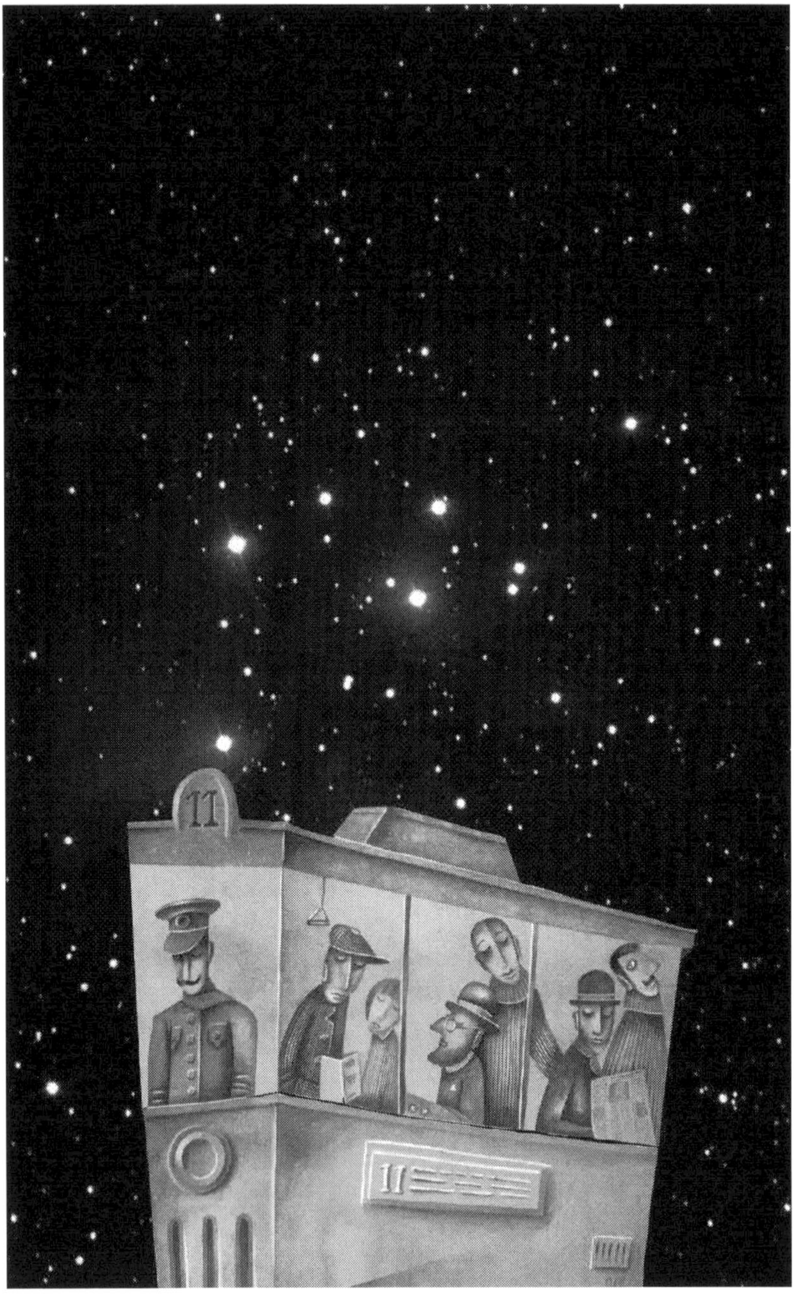

Stelle schiave
14/10/2003

Vedo me stessa
nei loro volti
riflessa

Sguardi dispersi
nel mare del mondo
immersi

Milioni di stelle
gettate nel cielo
sorelle

Sulla stessa nave
nel naufragio della vita
schiave

Cuore - bandiera
23/02/2004

Esplodi cuor mio
se la noia t'assale
se lui placido trascura
i tuoi languidi silenzi.

Sospira cuor mio
se la quiete ti pervade
se lui cheto s'avvicina
con insolita dolcezza.

Sorridi cuor mio
se la gioia ti possiede
se lui fervido sprigiona
il celato Sentimento.

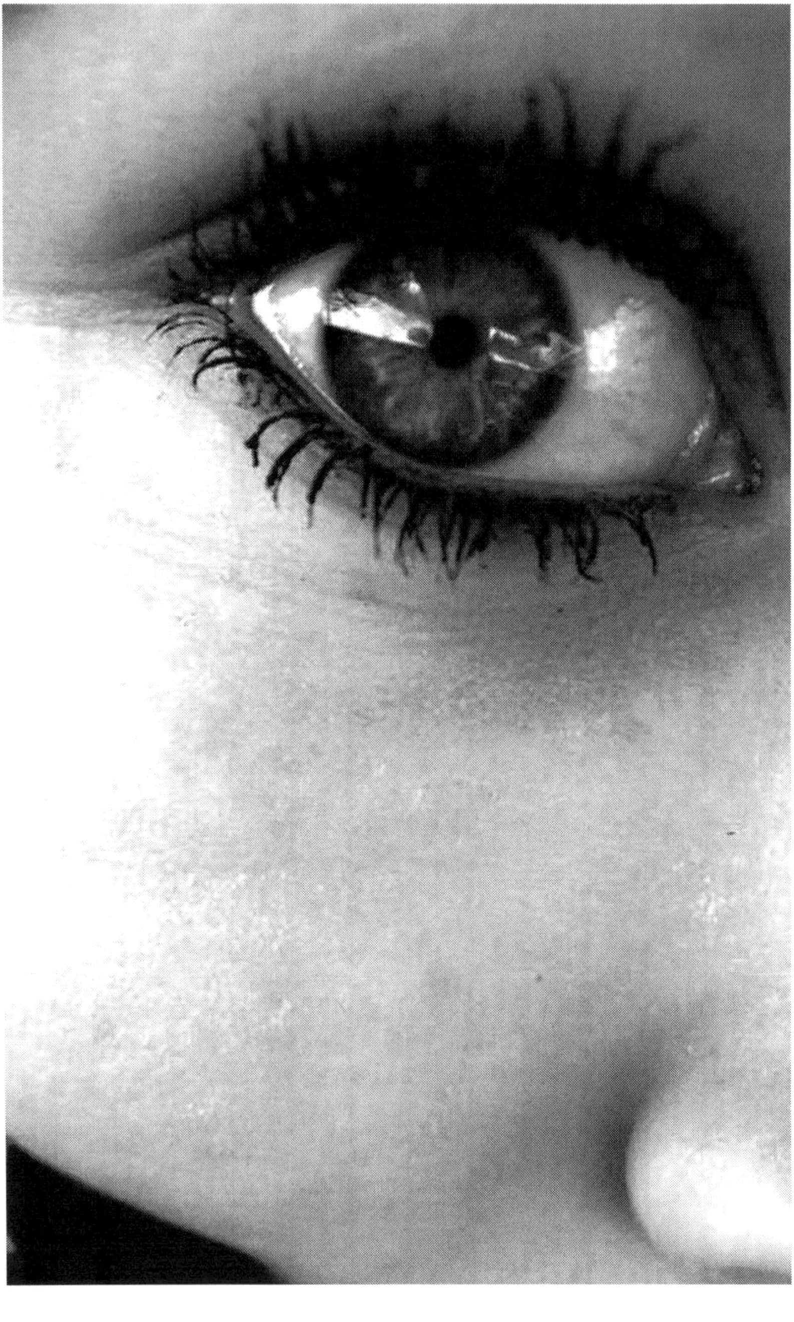

Gelosia
24/03/2004

Scompare dal volto
l'angelico sguardo.
Fuoco
dal cuore
negli occhi, divampa.
Vene percorse
da fiamme, roventi.
Mente stremata
da frecce, pungenti.
L'anima mia
piromane, bruci.
Indomito incendio
sul corpo, tradito.
Esplode violenta
la voce, del cuore
con lacrime calde
sul volto, ferito.

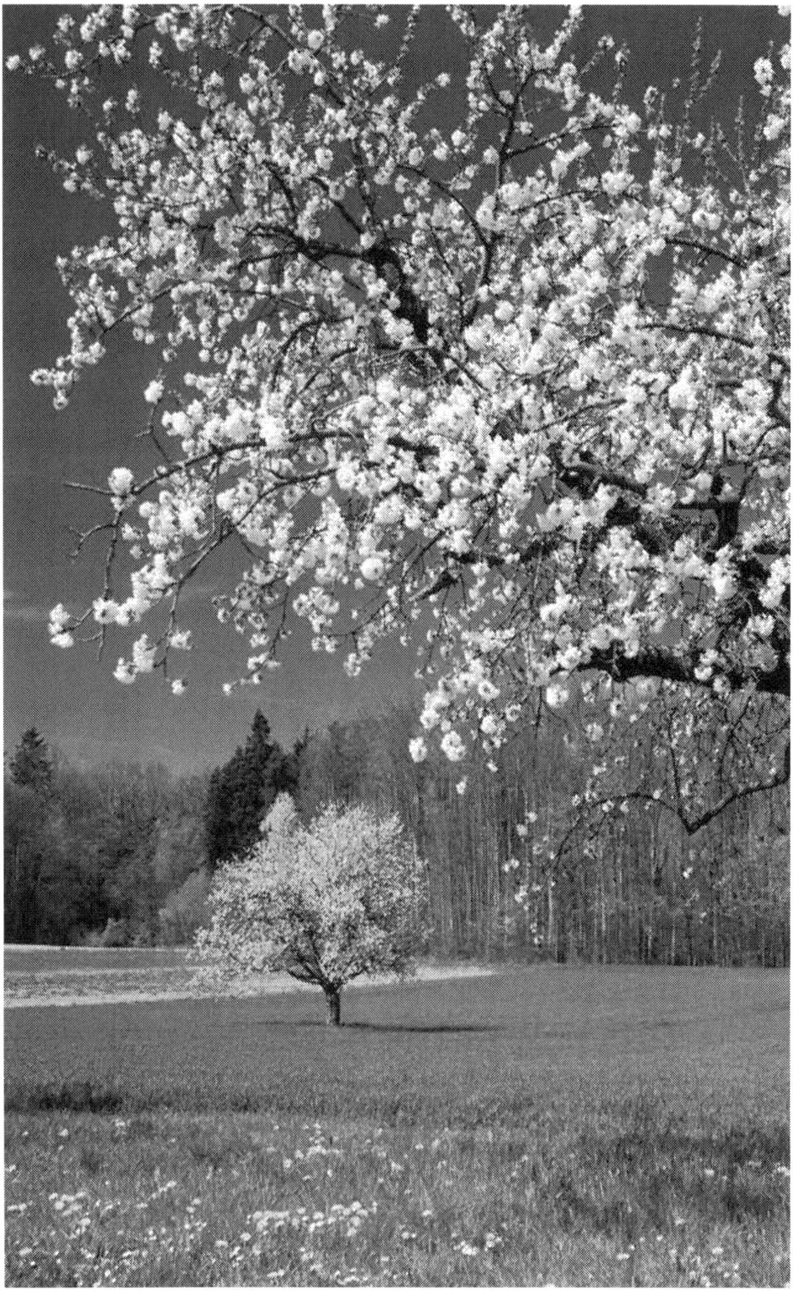

Percorso d'amore
05/04/2004

Sono donna
sono terra.
Hai arato
coltivato
e il seme è germogliato.
Come posso sradicare
dell'amore questo fiore?

Lo proteggo dal maltempo
dalla falce
dal fuoco
dal vento
ma ti cedo fiduciosa
l'acqua pura della vita
nutrilo
dissetalo
risana la ferita.

Insieme
respiriamo
dei suoi petali
l'essenza
per un giorno assaporare
la dolcezza di quel frutto
che la terra fa sognare.

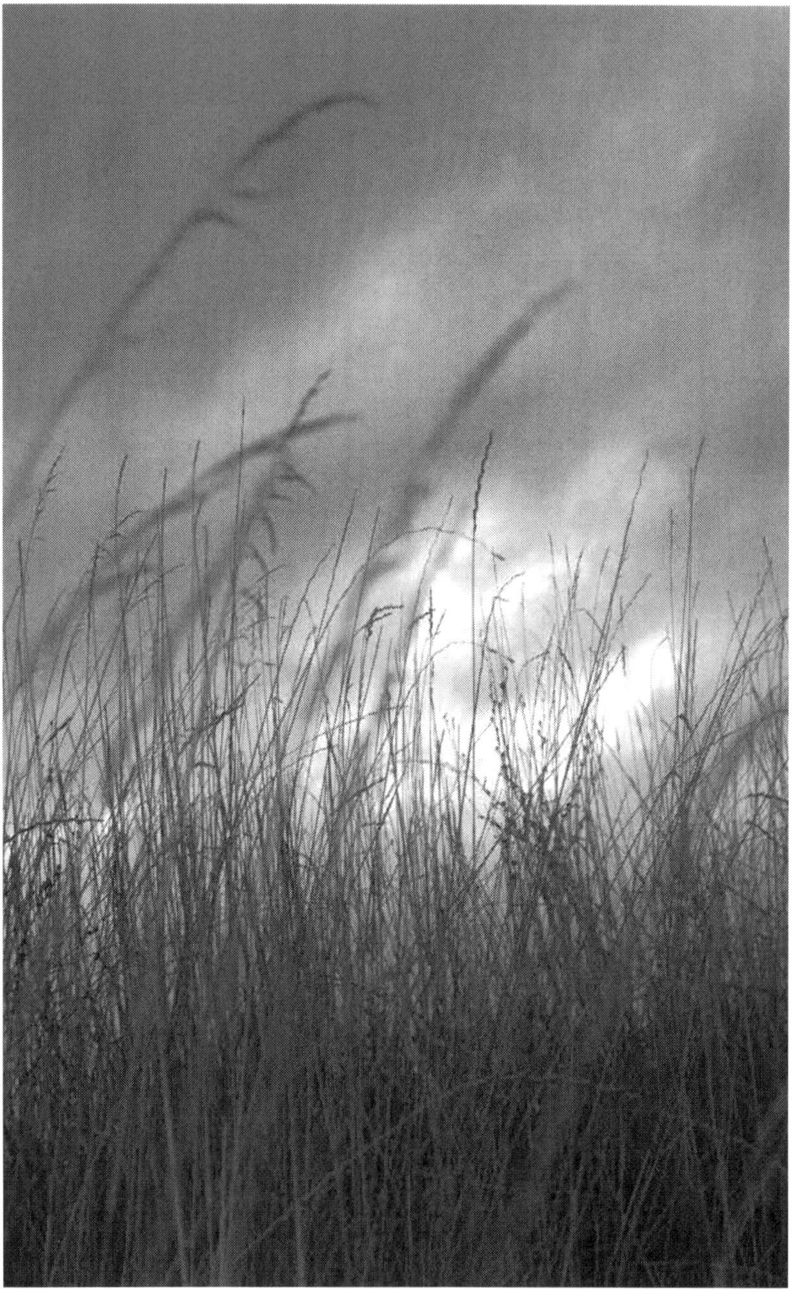

Ti amo, nel vento
14/05/2004

Aleggi
costante
nel cuore
nella mente
martellante
prorompente

Profondo sospiro
grida straziate
in ogni respiro

Ti volti
non senti
lacrime
lamenti

Ti amo
nel vento

ferisci

Ti odio
non sento

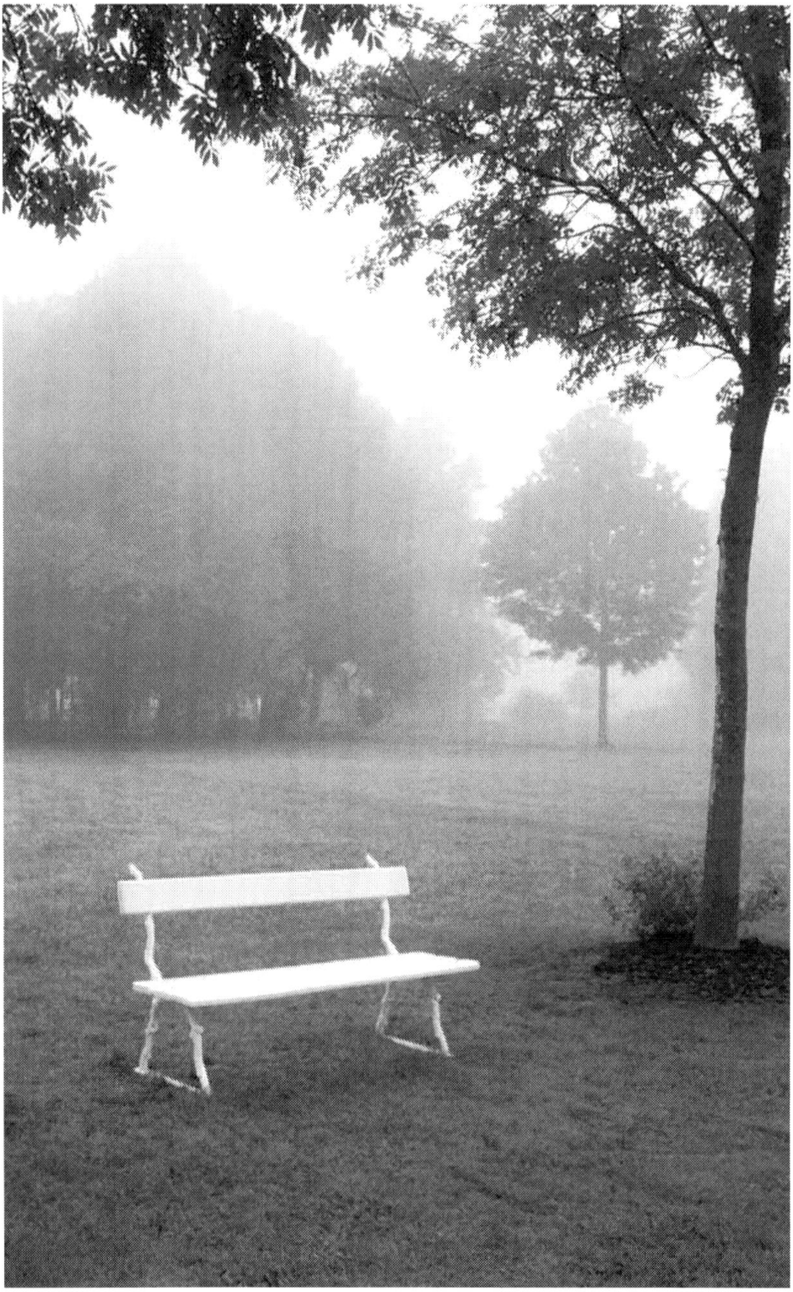

Mai perduta
21/09/2004

E mi ritrovo qui

come quando mi lasciai.

Mi riscopro

e mi accorgo

di non essermi mai perduta.

MAI

PERDUTA.

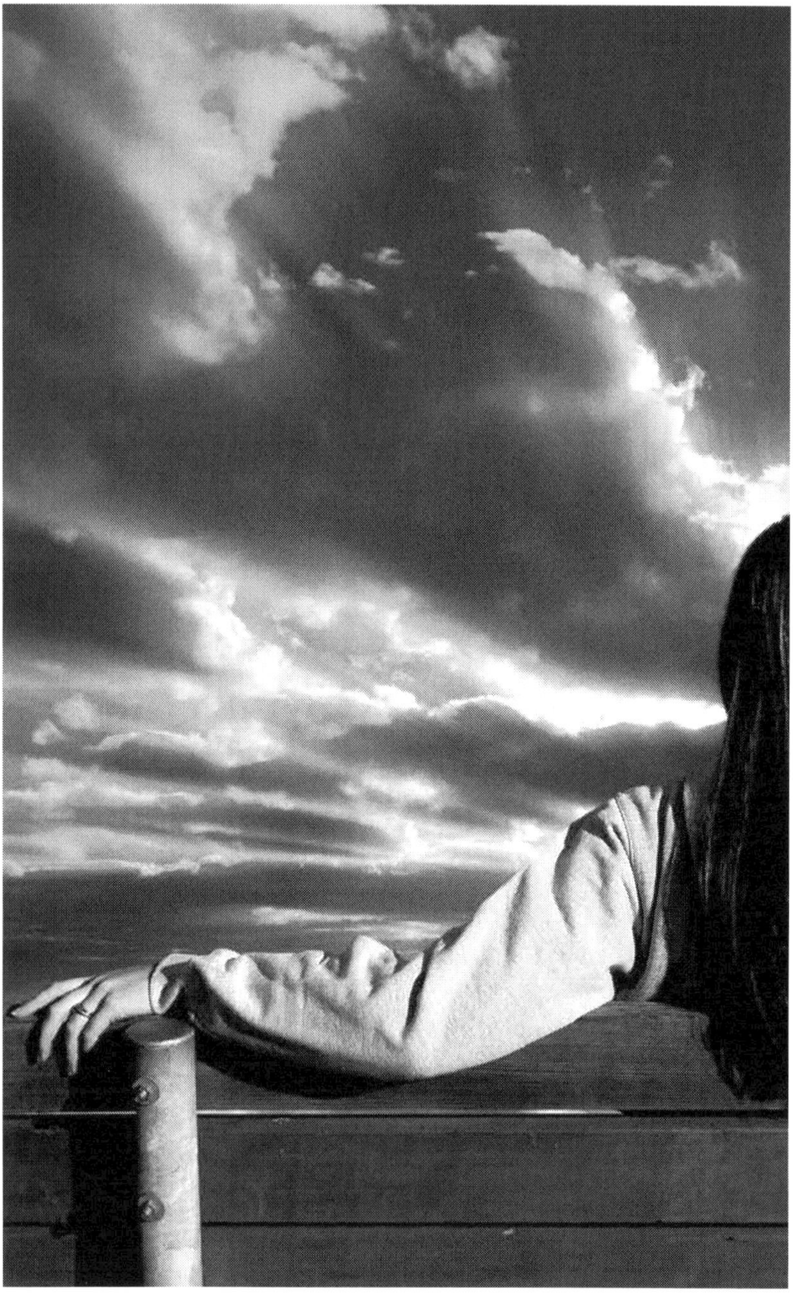

Protagonista
30/03/2005

Scorre lentamente

il paesaggio circostante,

scenografie sfuggenti

in questo set che mi dà vita.

Un'attrice improvvisata

di una trama sconosciuta,

sei Regista in questo film

di cui son protagonista.

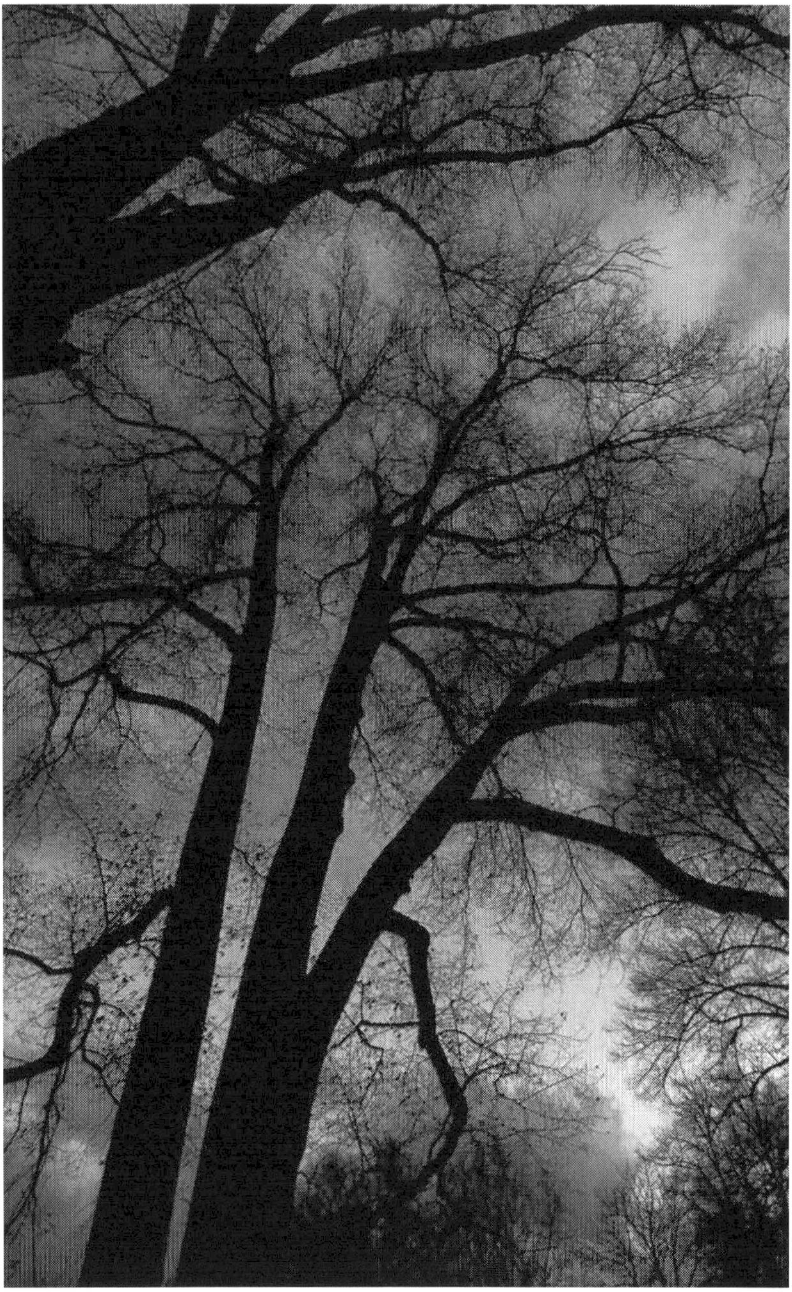

Nel silenzio
02/04/2005

Aspetti un sogno

che non arriva mai

e ti disperdi

nelle ombre della notte.

Grido dell'anima.

Nel silenzio.

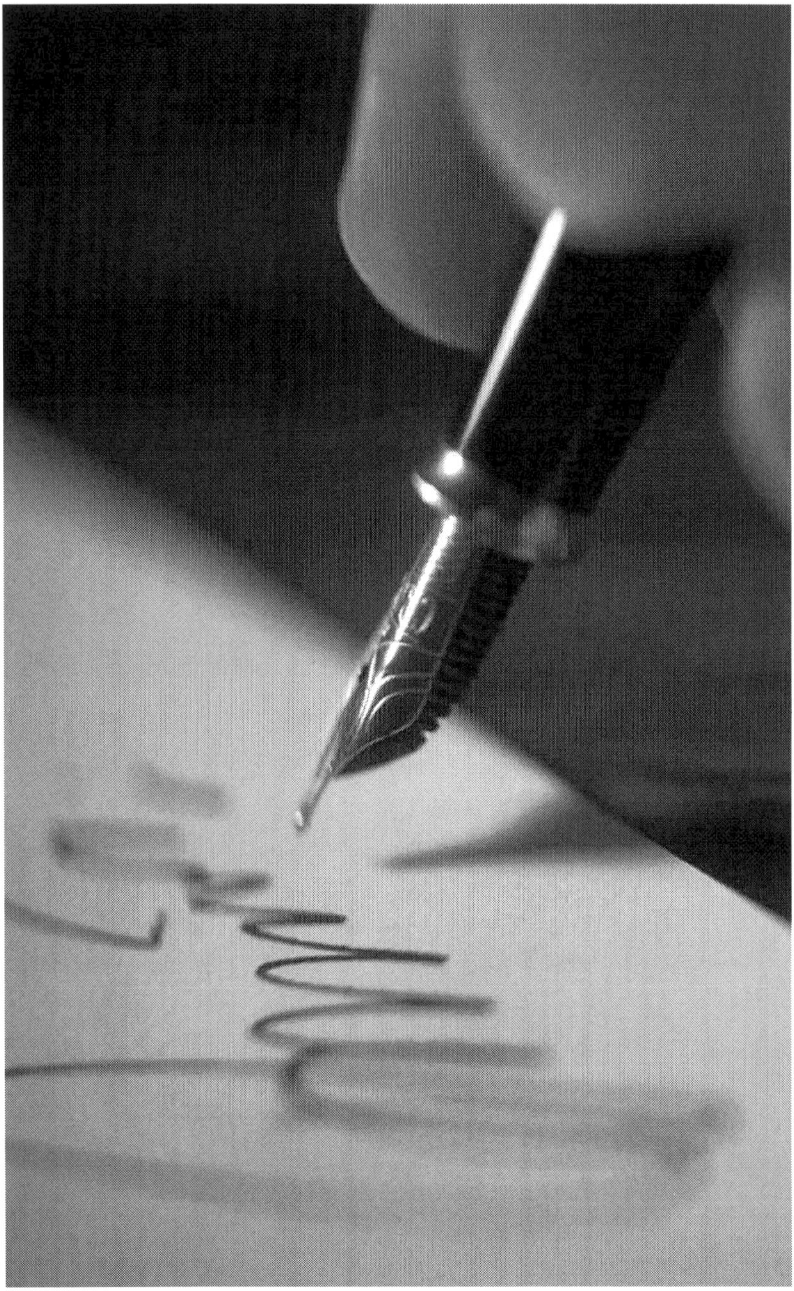

Che di te
06/07/2005

Invoco il mio estro
per comporre singolari poesie

...

Prendo atto
che i miei versi
non intendono saziarsi
che di te.

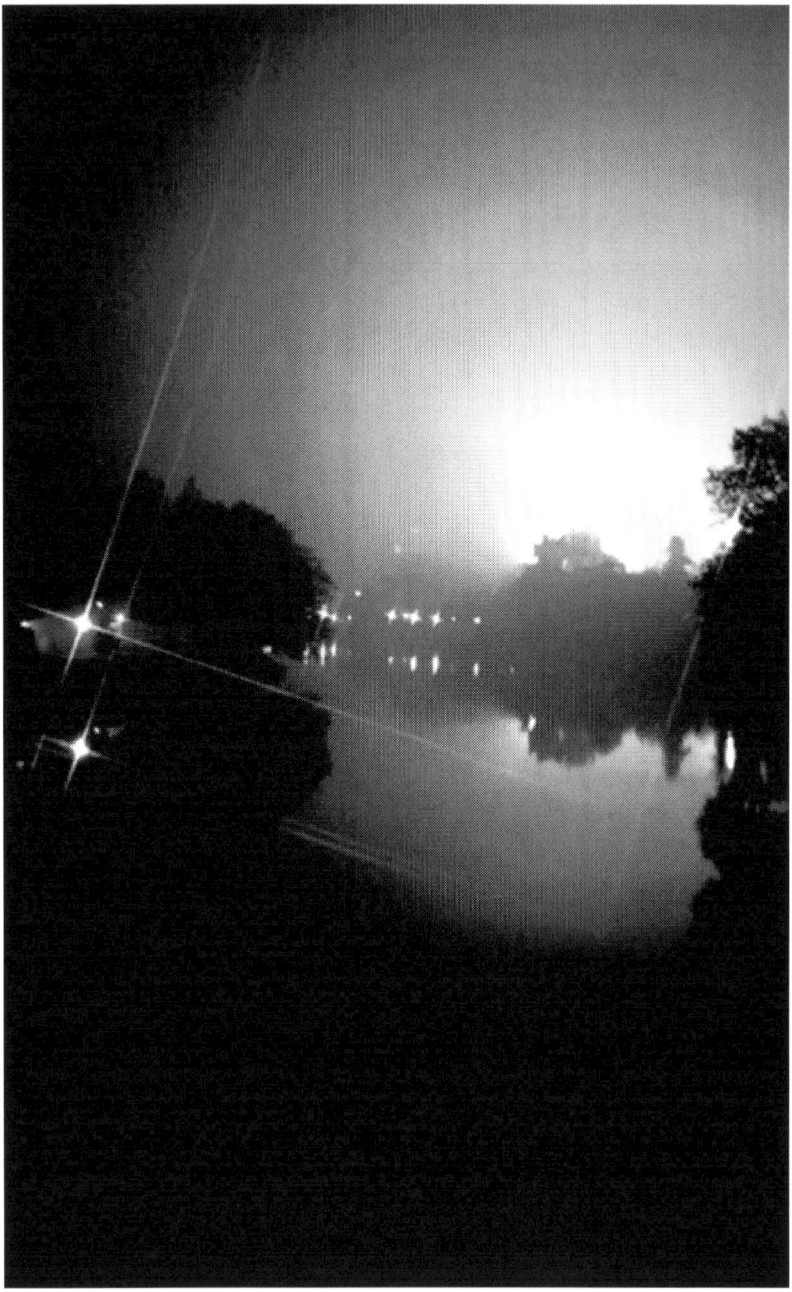

Ottimismo inconscio
07/07/2005

Dorate
Ombre
Marciano
Eteree
Nell'
Incantevole
Cammino
Onirico
Poichè
Intensamente
Una
Virtuosa
Iridescenza
Vagheggia
Incontrastata
Anche
Nelle
Avversità

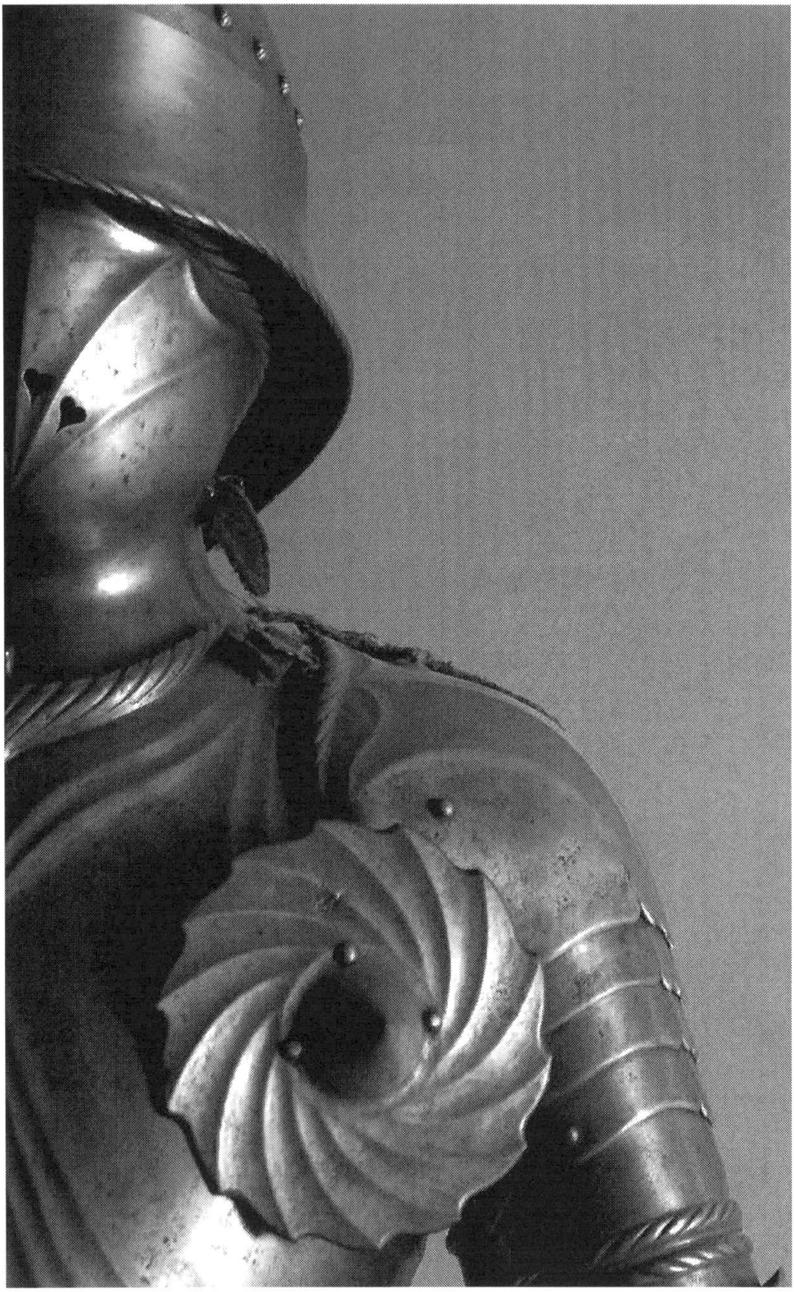

A.N.D.R.E.A.
08/07/2005

Animo
Nascente
Depone
Radioso
Evanescenti
Armature

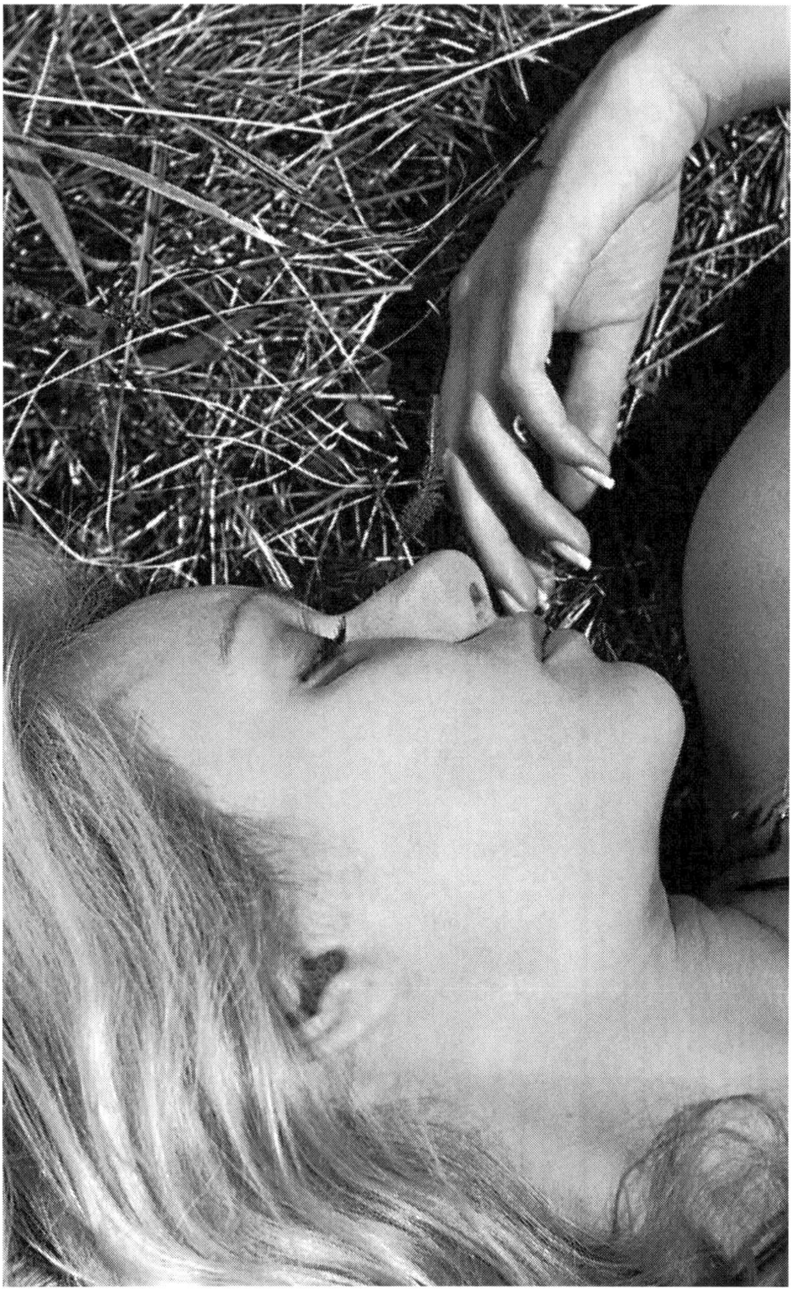

Sogni di realtà
19/09/2005

Non sono sempre sogni
quelli che si realizzano dormendo.

Spesso accade di essere assopiti alla luce del giorno
e non accorgersi che il sogno è divenuto tangibile realtà.

TANGIBILE

REALTA'.

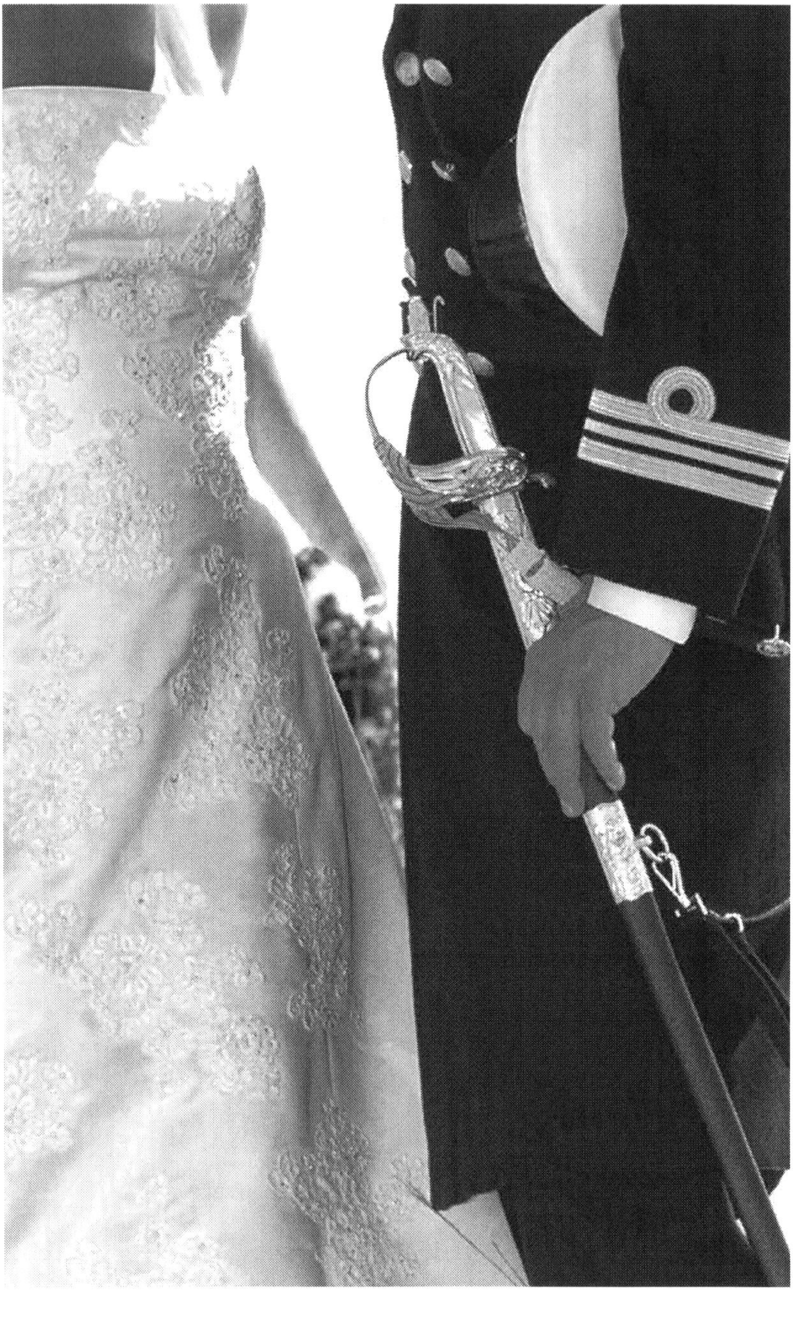

Strategia d'amore
20/09/2005

Soave destrezza

Latente maestria

sei tu

che con manto leggiadro mi sfuggi

per poi comparire con armi velate

plasmando senza indugi

il soffio mio vitale.

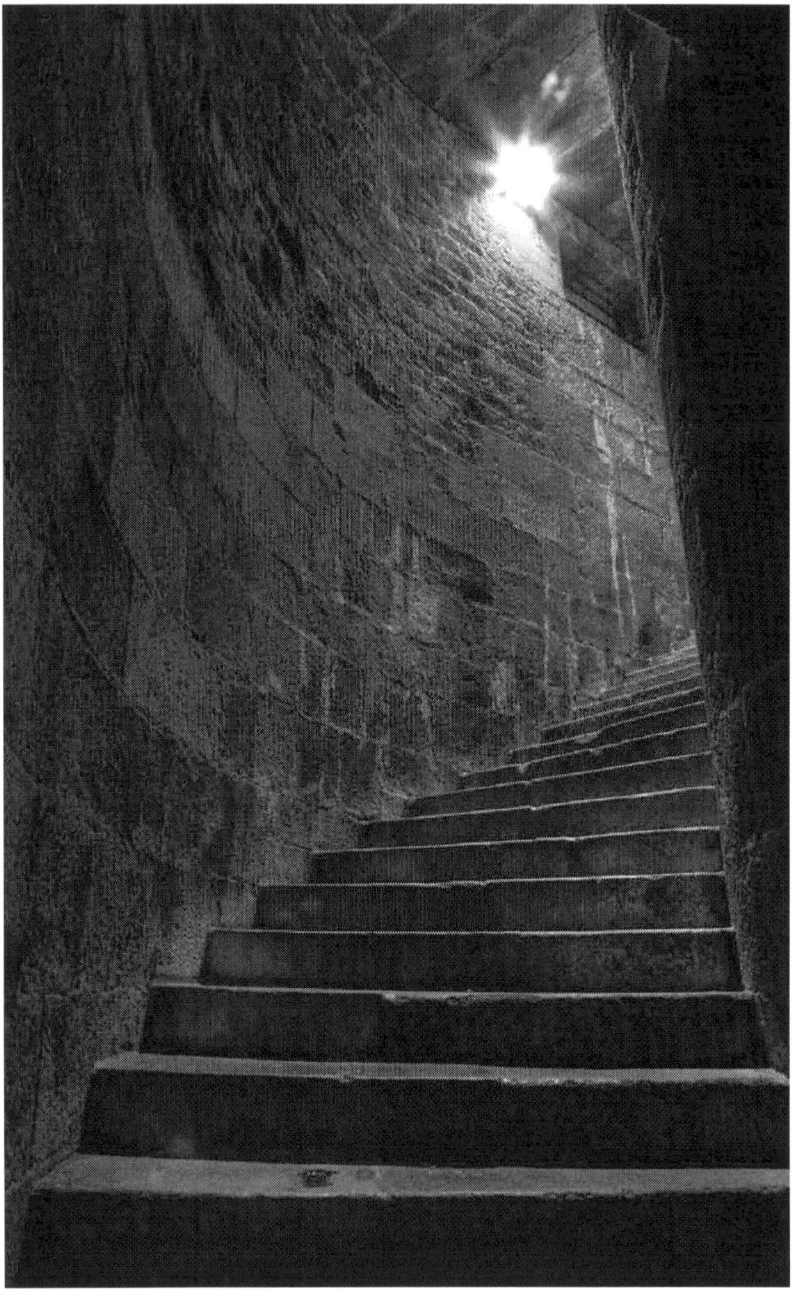

Grido dell'anima
28/09/2005

Aspetti un sogno
che pare dileguarsi
e ti disperdi
nelle ombre della notte.
Scorgi un bagliore
lontano
con manto leggiadro ti sfugge.
Sfocata visione.
Fremi.
Corri.
Barcolli.
Oscuri sentieri percorri,
mentre ombre dorate
marciano eteree
nell'incantevole cammino onirico.
Ti disperi.
Lo cerchi.
Il sogno.
Leggera e candida vaghi
sperduta
volteggi.
Lunga l'attesa del dolce risveglio.
E ti dimeni.
E ti dilegui.
Segreti meandri costeggi.
Tremi.
Precipiti.

Notte divieni.

Grido dell'anima.
Nel silenzio.

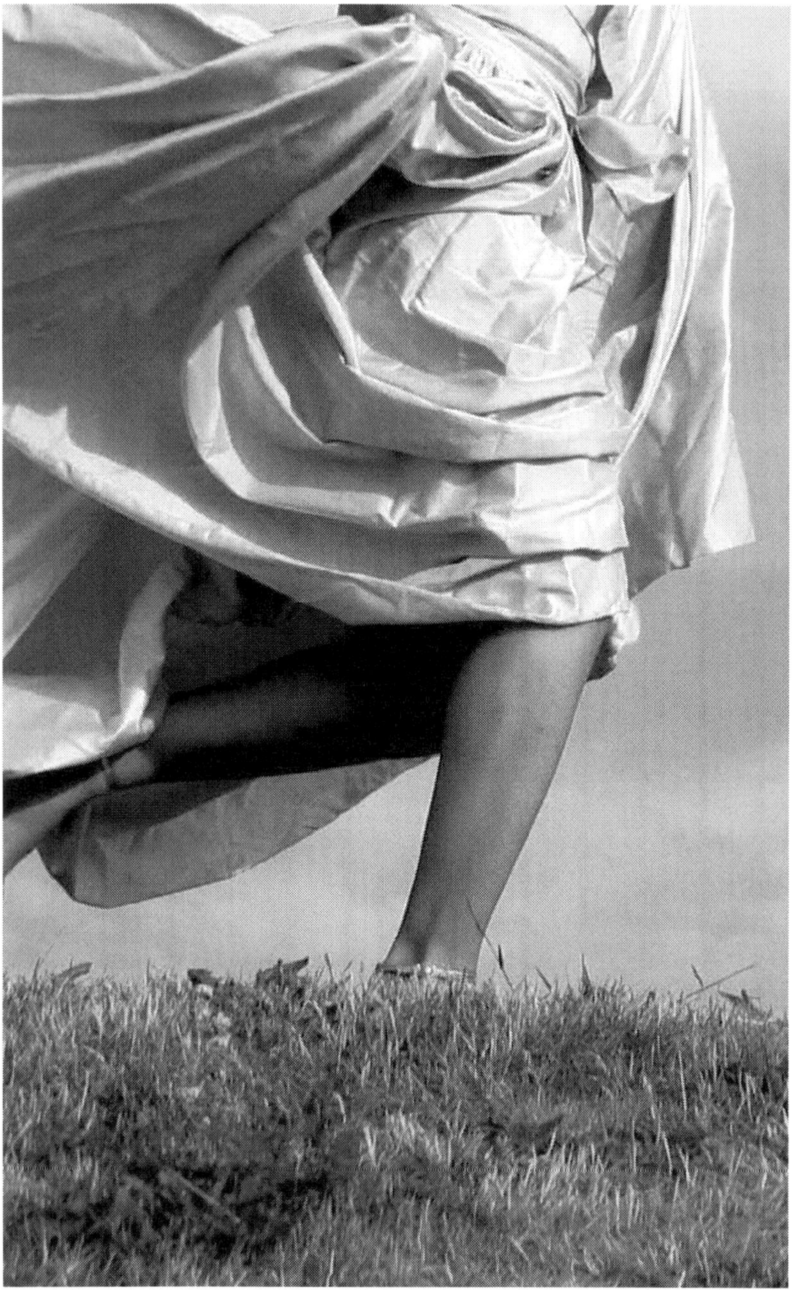

Corre
29/09/2005

Corre verso l'ignoto
che per lei non ha confini,
fragile creatura
preda di vita.
E corre
incontro all'amore
corre
mentre il temporale
la riveste d'oscuri colori.
"Amami" sussurra
e corre
incontro a lui
il sogno
che un abito bianco le dona.
"Mai ti lascerò"
"Sei sogno"
"Si, ma più reale del vento che ti soffia tra i capelli"
"Allora stringimi la mano"
"Ti porto via, per sempre"
"Corriamo insieme, mio sogno"
incontro alla luna
alla luce del mare
alle ombre della sera.
Bagnata di pianto
carica di vita
e sole
sulle terre verdi che ora percorre,
bambina
con lui
ancora
il sogno.

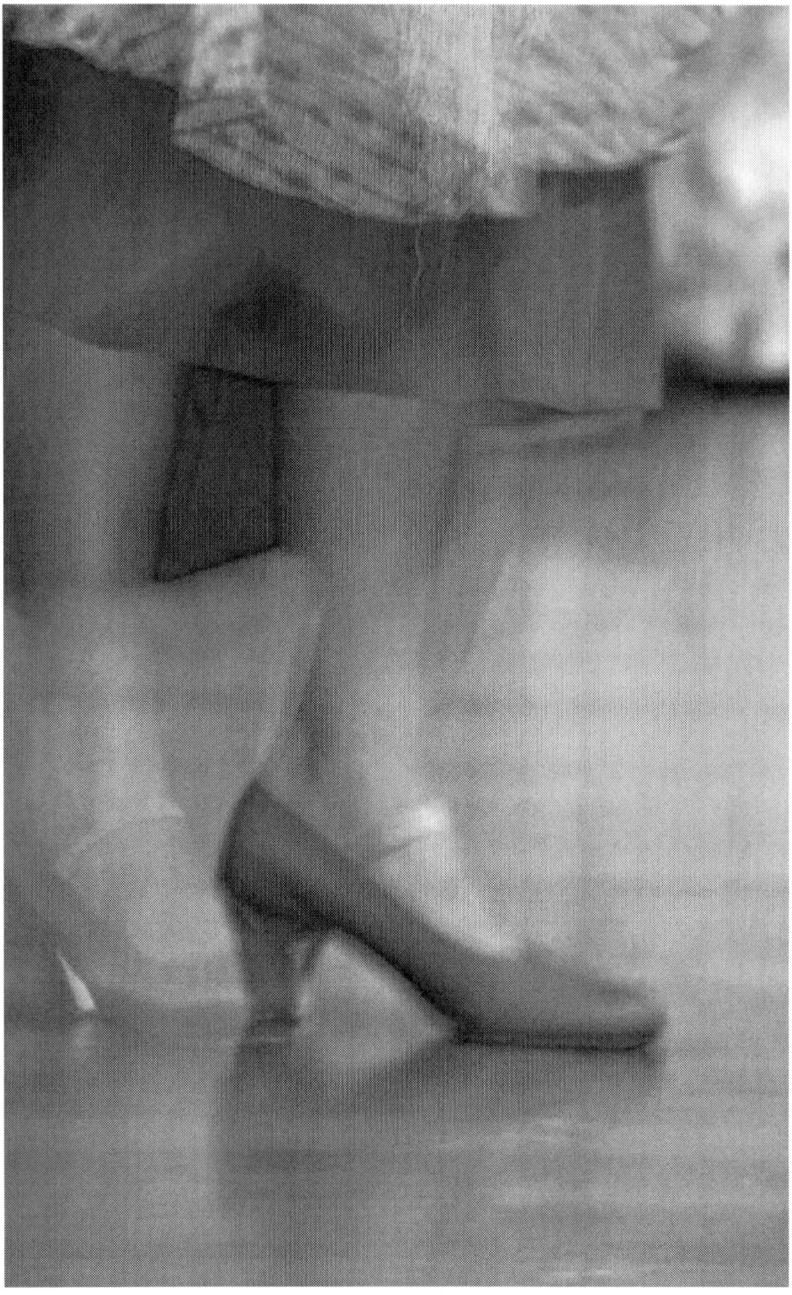

Inerzia
10/10/2005

Nell'abbraccio del silenzio
canto.
Nell'immobile stanza
ballo.
Nel buio della notte
sogno.

Si può sempre contrastare
la passività del mondo.

un suono
un passo
una luce

e l'inerzia non v'è più.

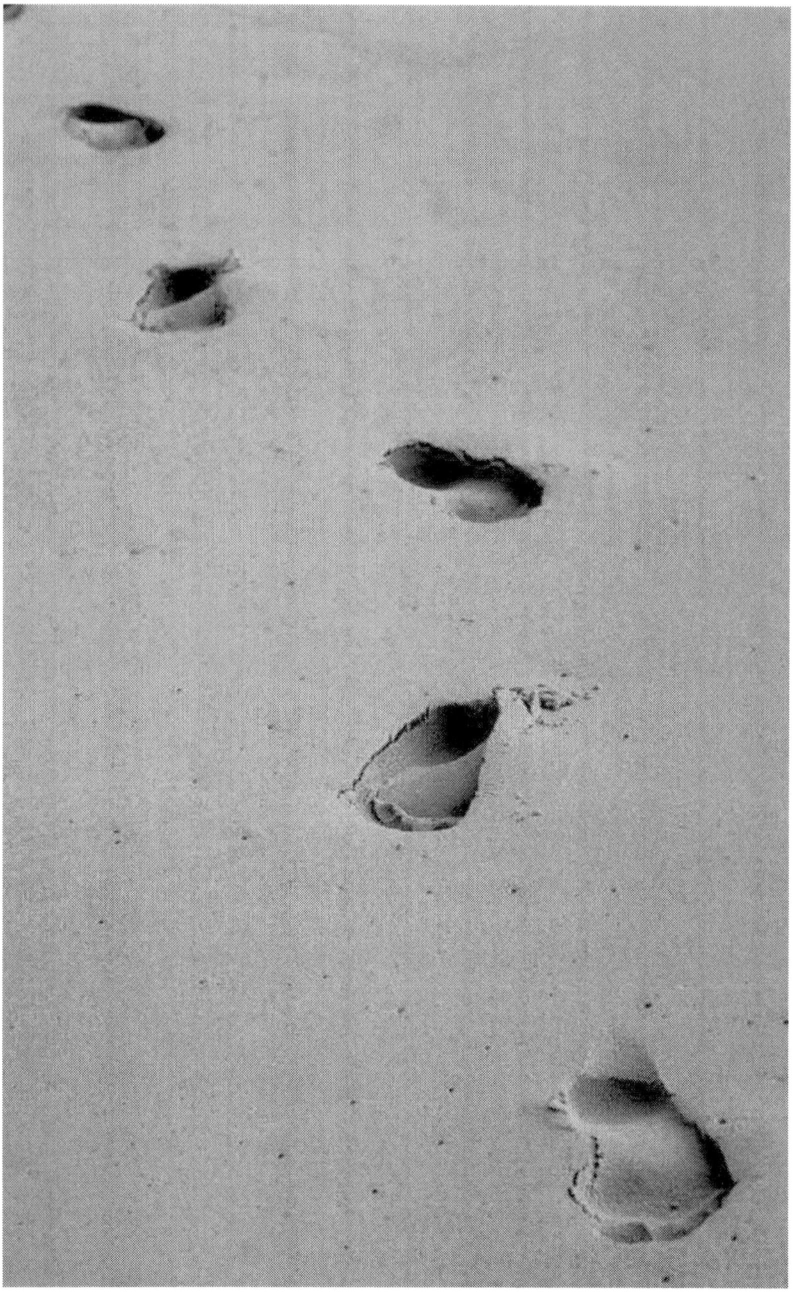

Soli
24/10/2005

Se solo potessi
condurmi lontano
tu
nelle sere d'inverno
che scavano dentro.

Colpisco la quiete
districo un sogno
la voce trattengo
io
nell'intimo mare.

Si placa il boato
soffusa la luce
respiro disteso
noi
nel mistero del mondo
insieme.
soli.

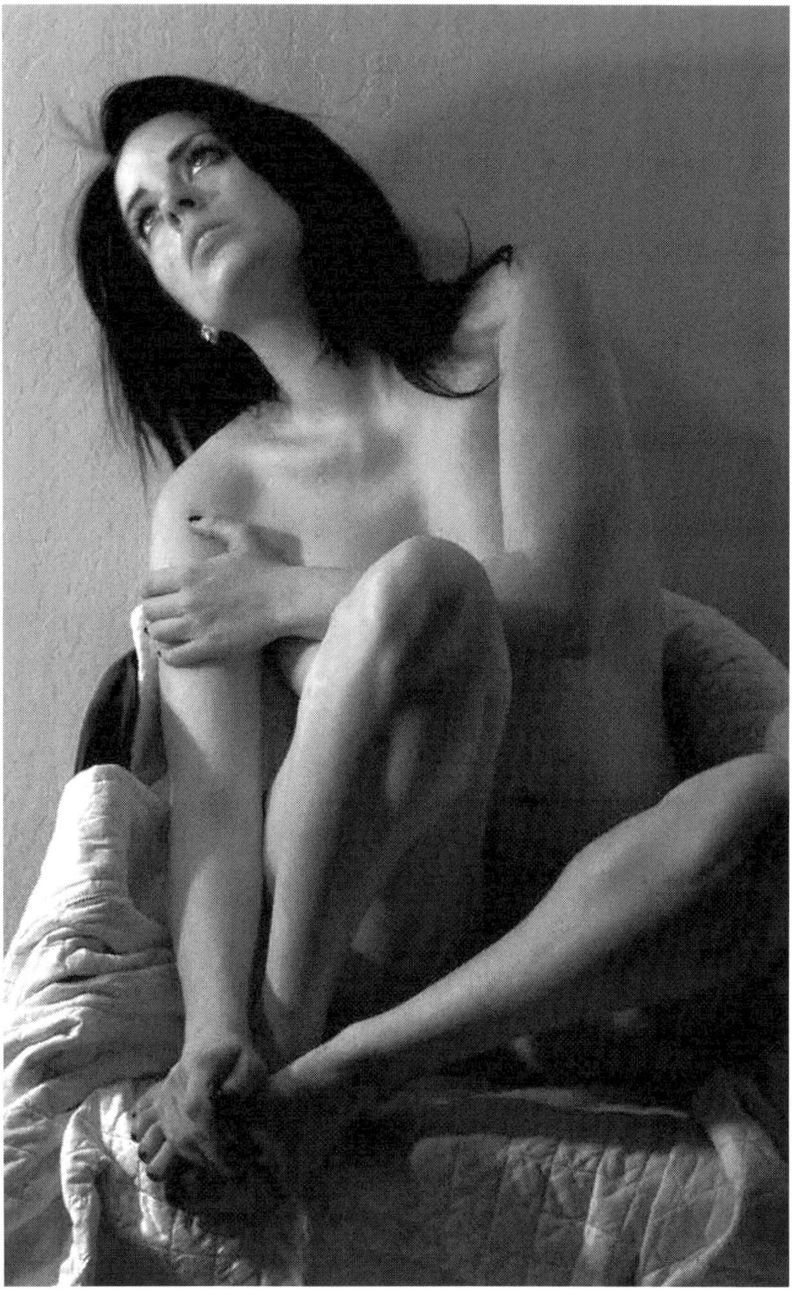

Anima lacerata
25/10/2005

Disperdersi.
Nelle pieghe della coscienza
Tuffarsi.
Nel confuso vagare
Destarsi.
Nel segreto della vita
Smarrirsi.
Nello scempio del cosmo
Dissolversi.

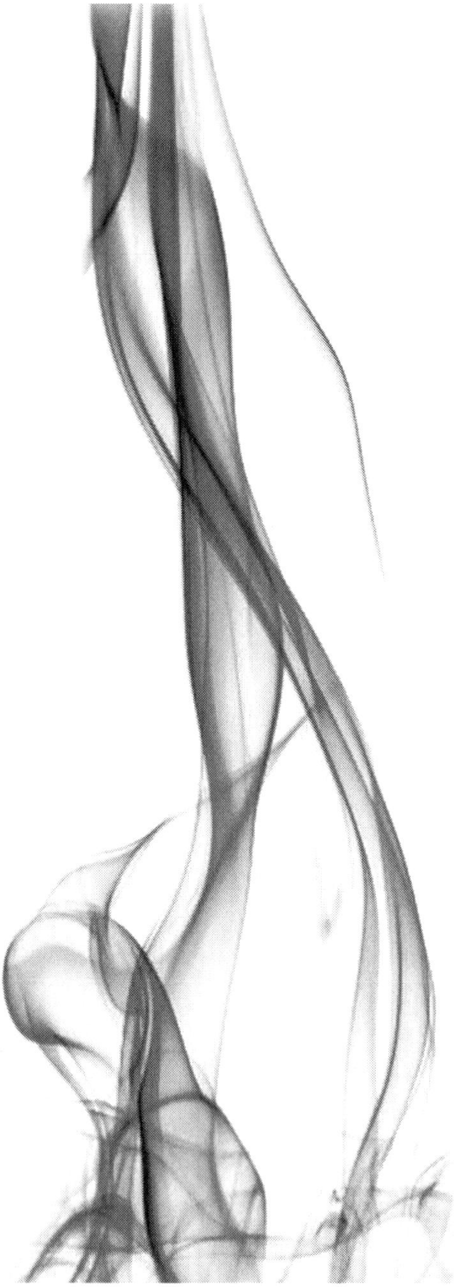

Sciogliersi in poesia
08/11/2005

Annodati pensieri

si districano

fino a sciogliersi

in poesia.

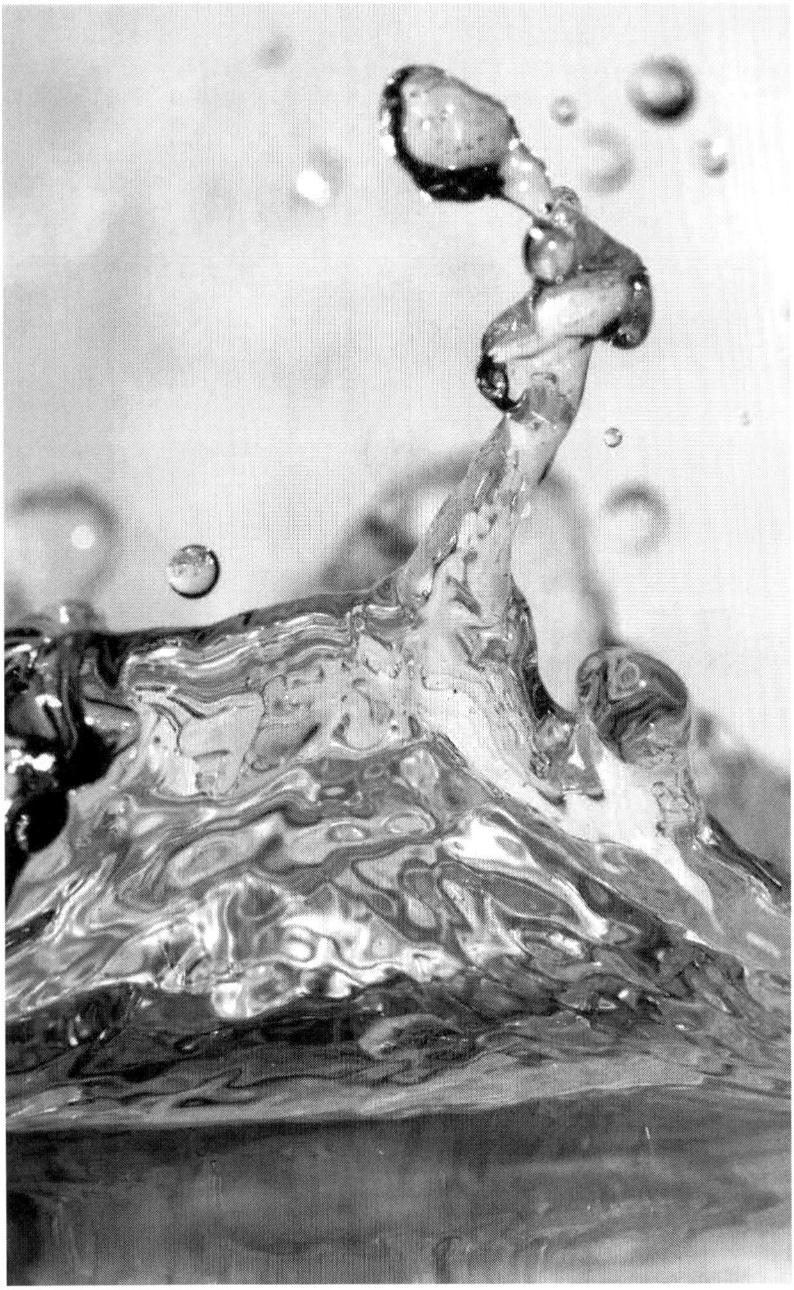

Timidi zampilli
09/11/2005

Quanta realtà che muore
diviene
si espande
e le parole si divorano
dentro
incastrate negli abissi
del profondo silenzio
distrutte.
straziate.

Scalpitante insegui
il maliardo lemma
che catturi le coscienze
e che assorba l'essenza
dell'essenza tua.
Invana rincorsa.
Ti plachi.
Contempli.

Infine mesto apprendi
che le intime tue acque
inondare mai potranno
le altrui profondità.
Solo timidi zampilli
per inumidire gli animi
dell'arida nostra Sfera.

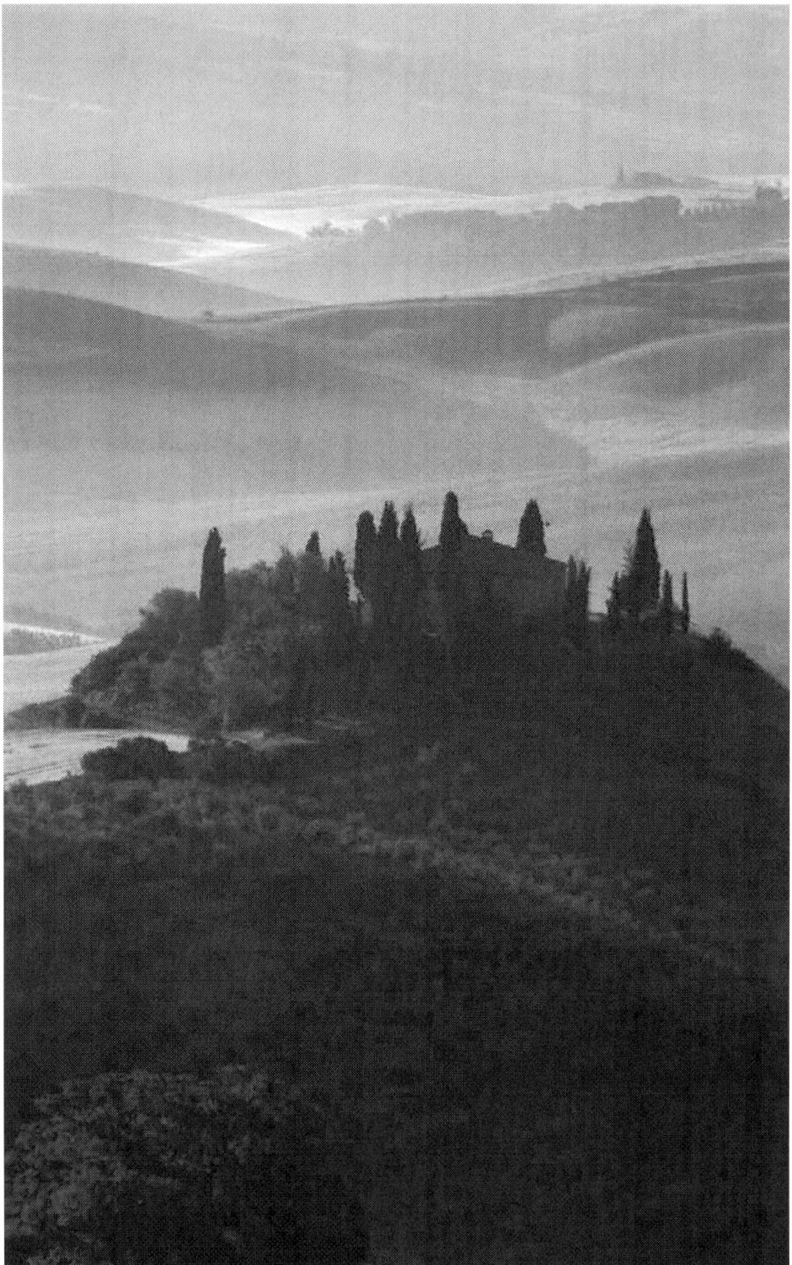

Bagliore diffuso
26/09/2006

Leggiadra dipingo

un sorriso immerso

nel bagliore diffuso

che prima soltanto

scorgevo distante

nel cielo piangente

    ricordi?

Tutto si rinnova

nell'immenso spazio

e quanta gioia

nel donar colore

alla tela della vita!

Tinte vivaci nel giorno di svolta

e un tocco bluastro

per la malinconia

dell'ambigua parola:

    fine.

Percorro a ritroso

i piccoli sentieri

ch'essenziali hanno condotto

alla maestra via.

E mentre il mio treno sfreccia veloce

voglio godermi dell'amore la voce!

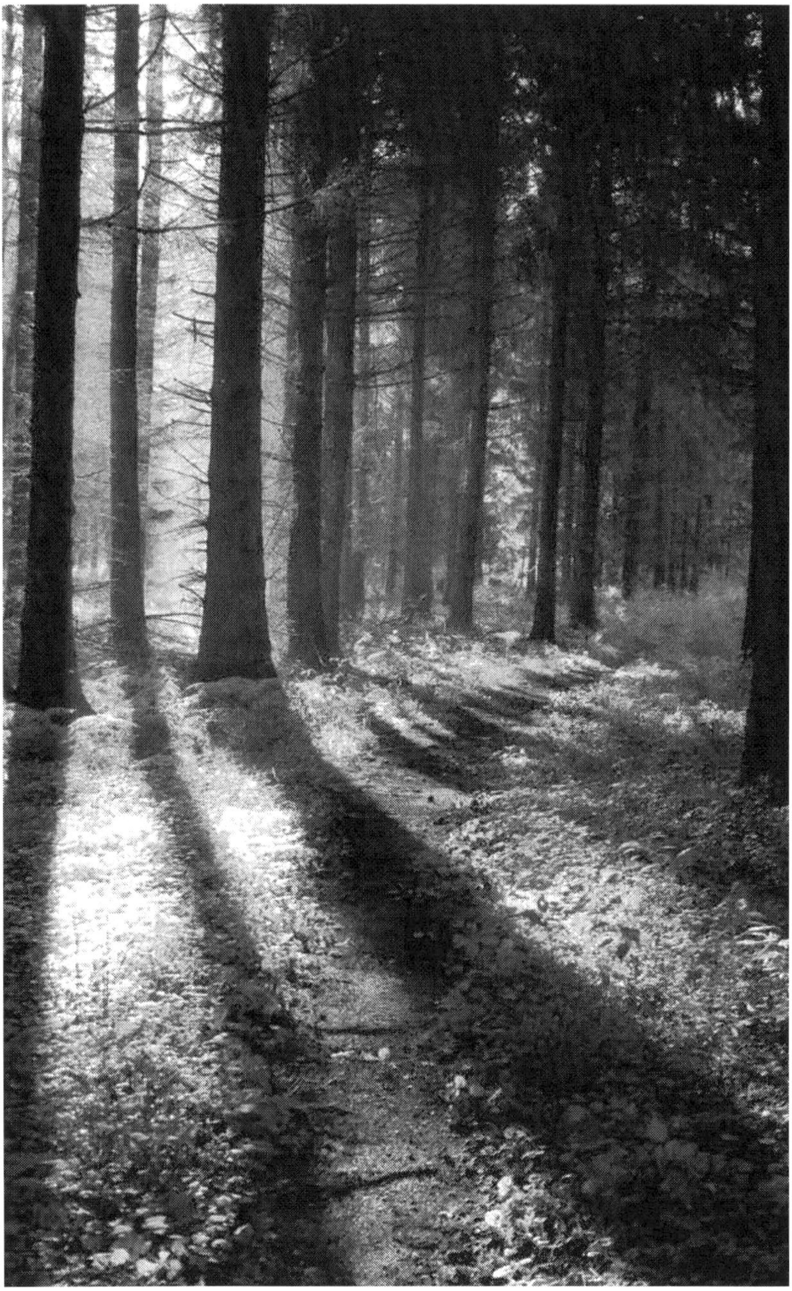

I tasselli della vita
28/09/2006

Ondeggio leggera

nella quiete dei pensieri

sussurro

dal trambusto mi distolgo

perché Tu

congiungendo i tasselli

hai portato nel mio cielo

la bellezza di un tramonto.

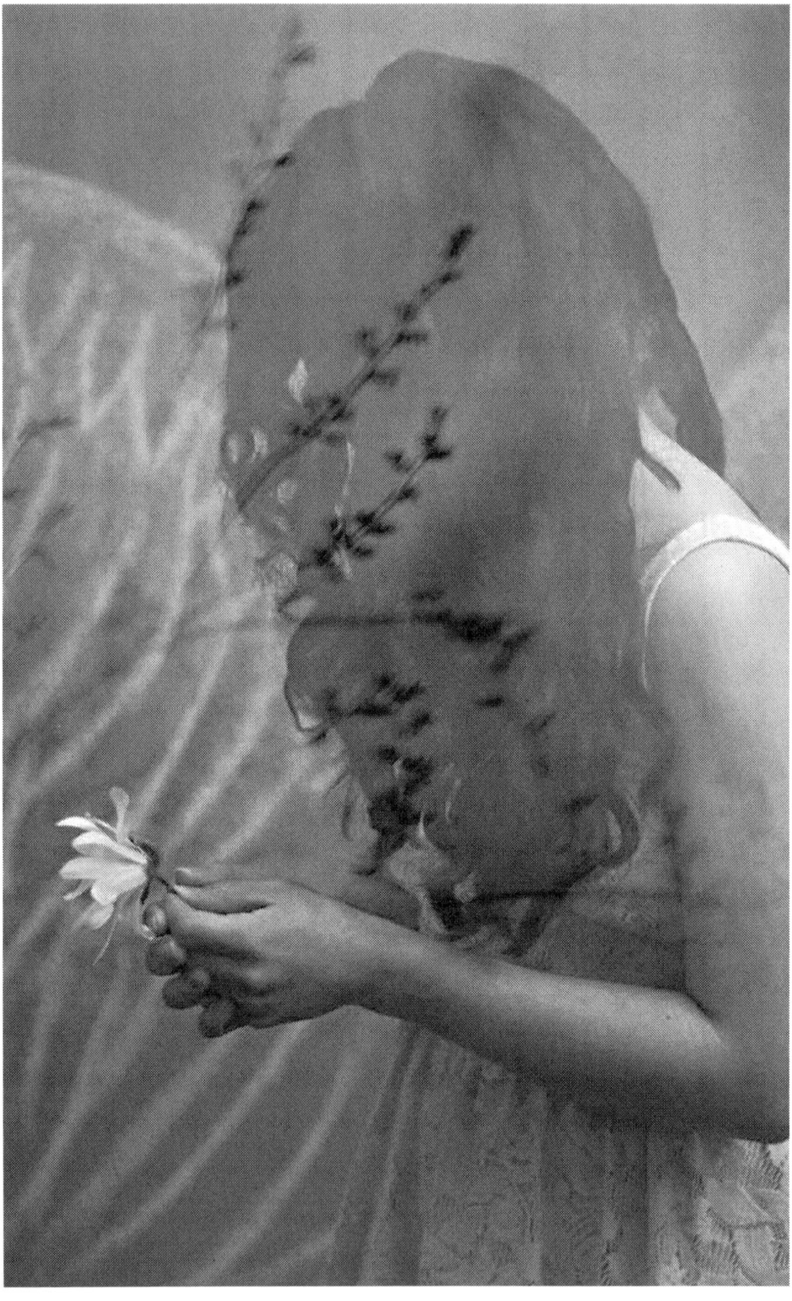

Raccogli l'immenso
13/01/2009

C'è taluno
qui meco
per non dissipare la veemenza
mentre scaglio nel mare
gemente la lenza?

C'è taluno
qui meco
che raccoglie quest' immenso
mentre 'l sangue nelle vene
celermente si fa denso?

C'è taluno
qui meco
tra la luce dei bruscoli
che dipinge melodie
che decanta poesie
che incide crepuscoli?

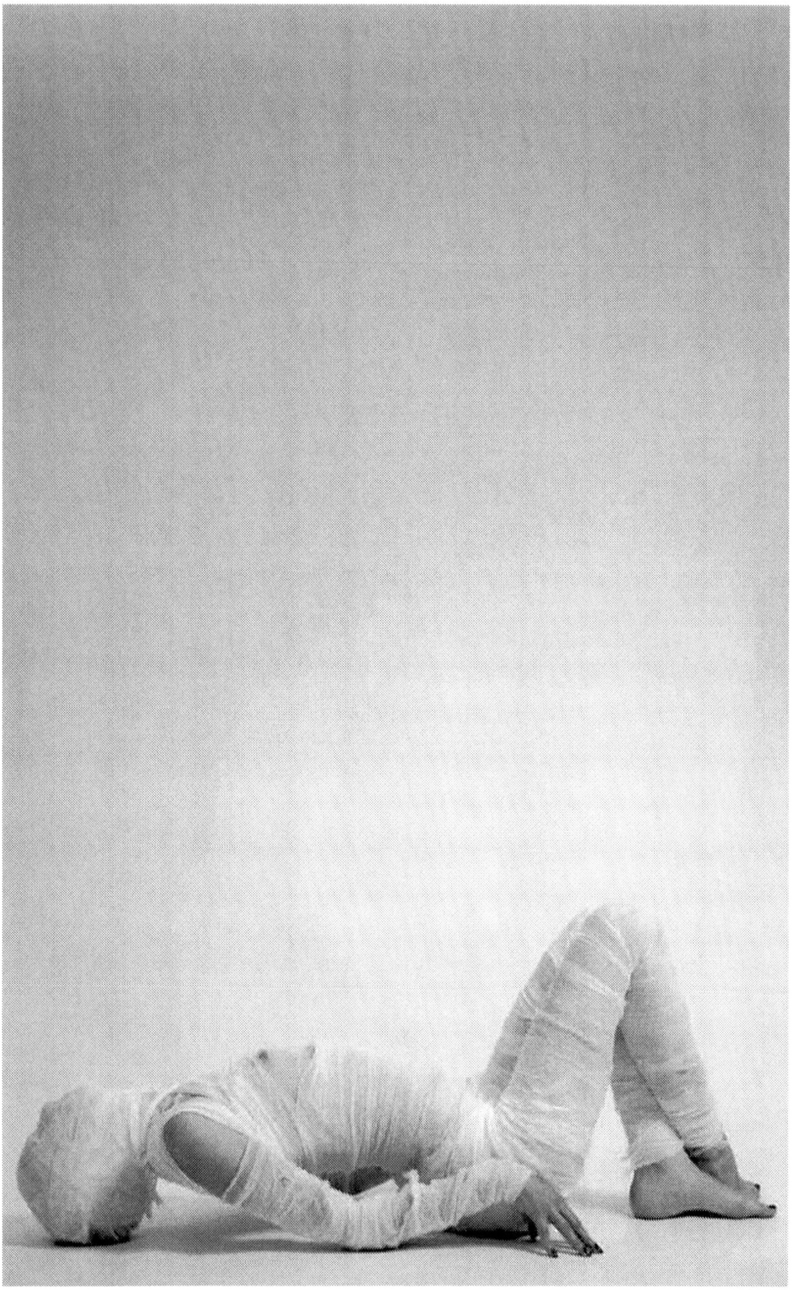

Straziata boccheggi
1/02/2009

E ti dimeni
per inghiottire 'l boccone
d'un mondo avvelenato.

Ma lui lì permane
ad occludere la gola
dolente
sanguinante.

E tu
stesa sul terreno
madida di sangue
straziata
boccheggi.

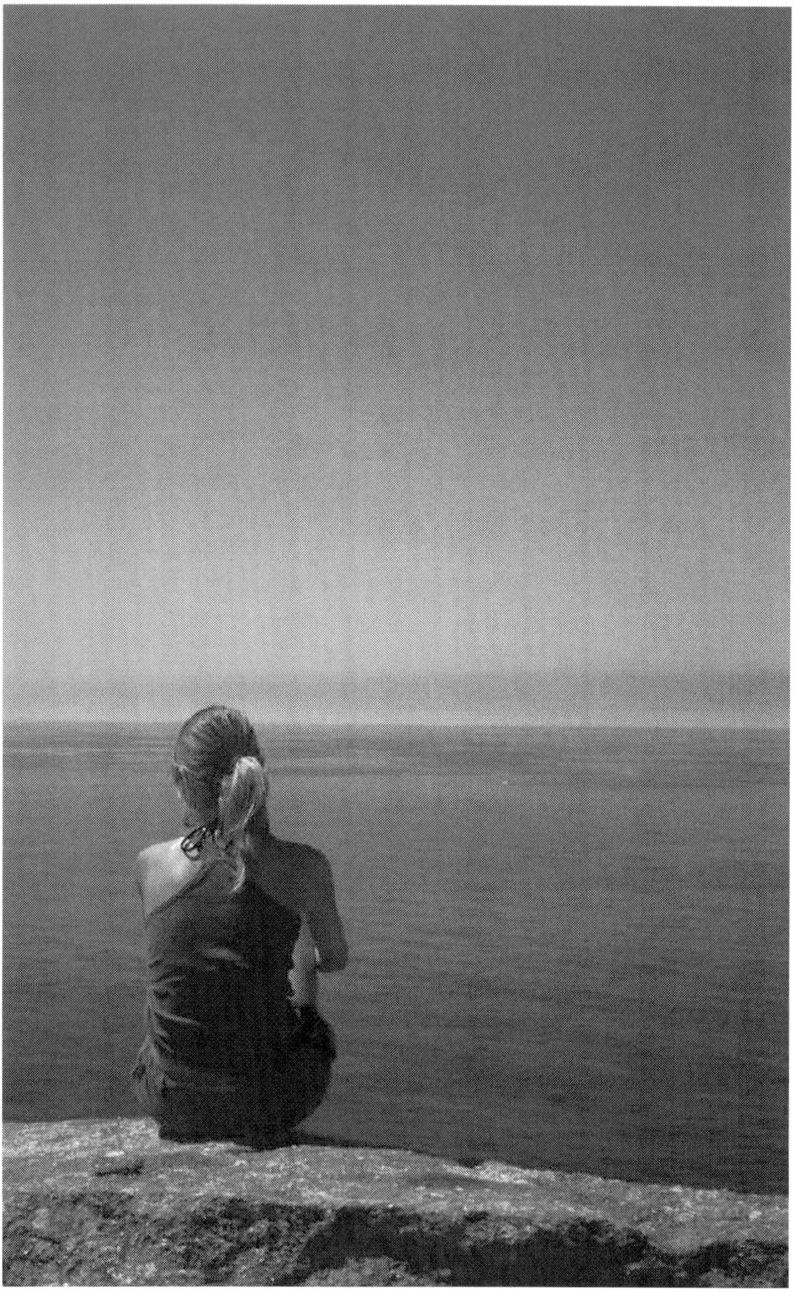

Onda ladra
6/02/2009

Quando le rocce possenti
delle tue certezze
si sgretolano
e scivolano via
come sabbia tra le dita
e si tuffano nel mare
delle mille nostalgie,
rimani lì
sola
sulla riva della vita
ad osservare
con occhi d'apatia
ciò che l'onda ti prende
senza dirti se mai
qualcosa porterà,
in cambio dei sogni
che oggi ti ha rubato.

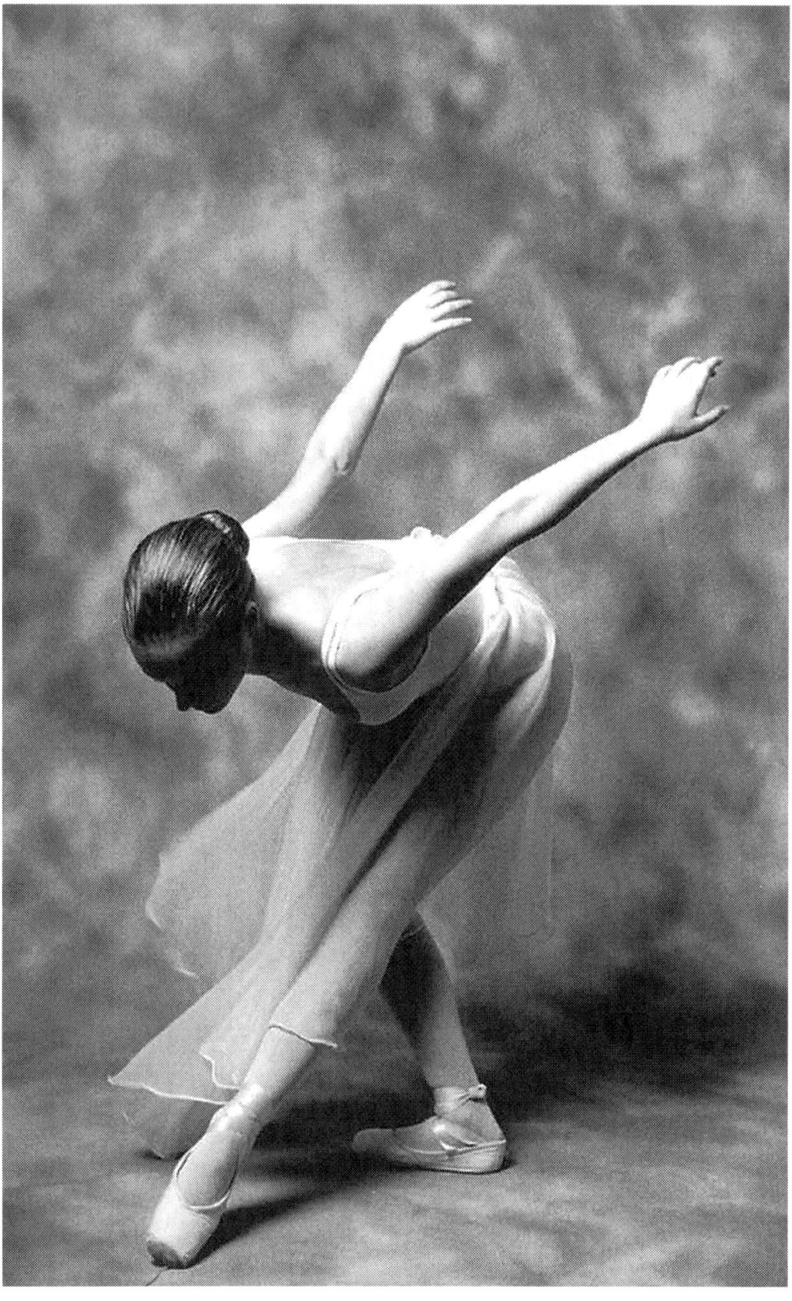

Fragile potenza
3/03/2009

Piuma nel vento
sospesa rimango
tra le onde del cielo
e vago, mi disperdo
sussurrando il tuo nome
danzando.

La tua anima non sente
l'affannoso mio respiro
imploso ed esploso
nell'impeto violento
del mare mio silente
e ciò che puoi vedere
nemmeno s'avvicina
al naufragio che corrode
la mia fragile potenza.

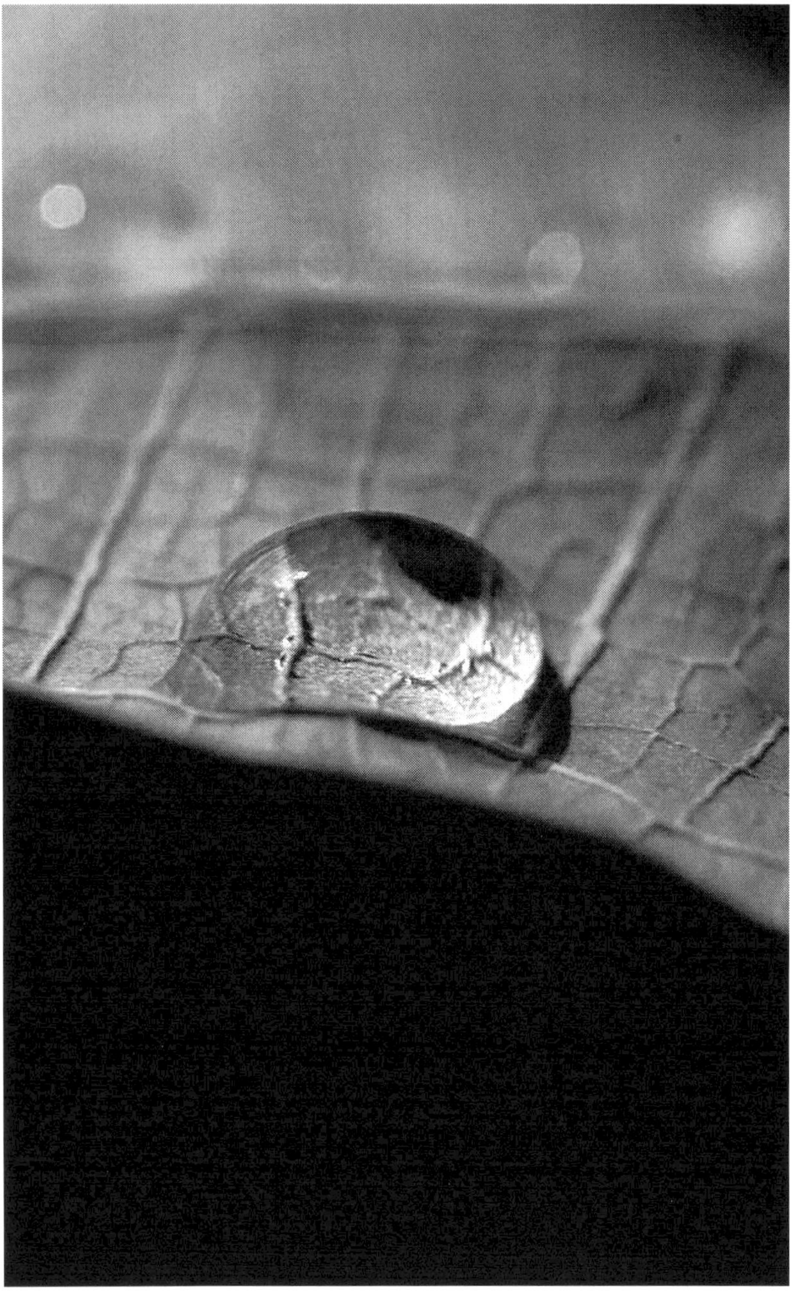

Gocce di sale
10/03/2009

Incido le gocce di sale
che Tu
-volto paterno
di nuvole appari-
conservi nel libro
del soffio mio vitale,
per un giorno trasformarle
se vorrai
in rugiada lucente
nell'intimo mio mare.

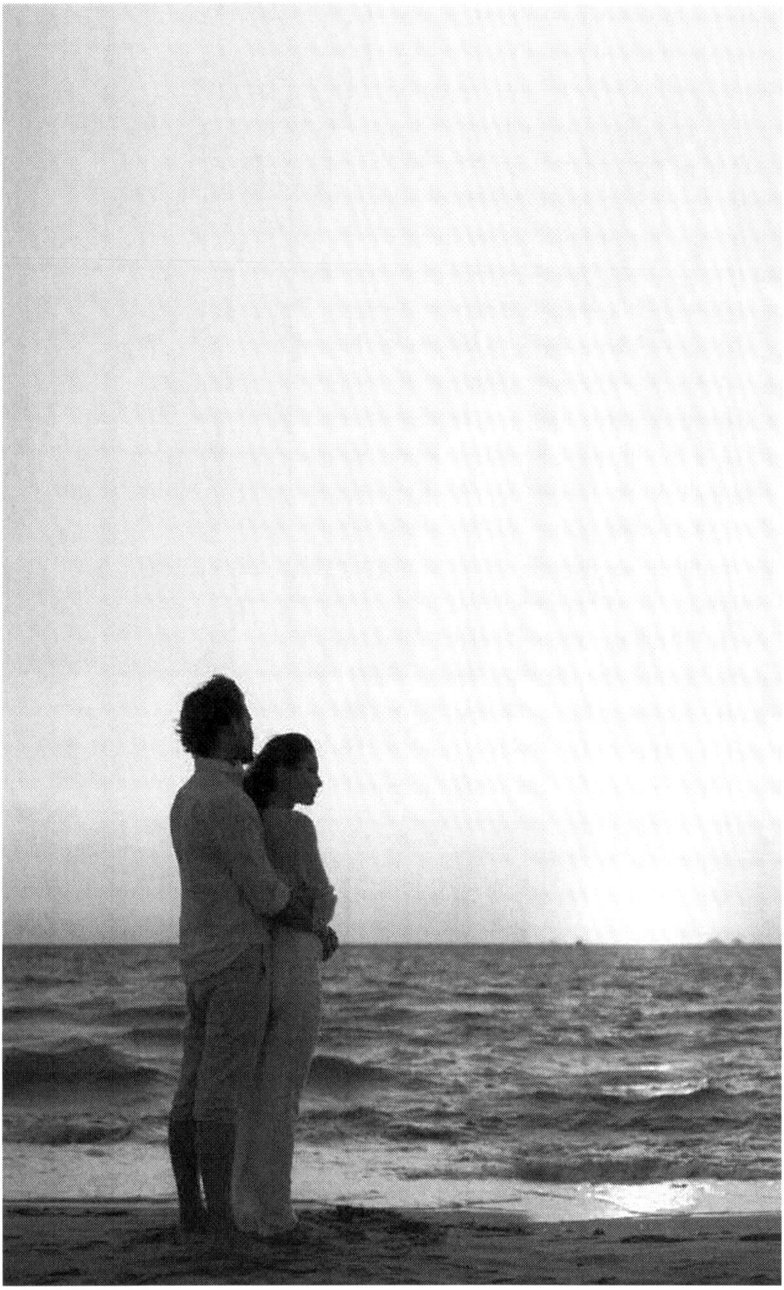

Dolce Addio
21/03/2009

L'onda squarciata
di quel mare tormentato
si ritira
spossata
nella quiete d' un tramonto
che lascia trasparire
la dolcezza d' un addio.

Si rinnova
una volta ancora
-una soltanto, ti prego!-
la nostalgia di quei frammenti
dolci
smaniosi
crescenti
esplosi nel vortice d'una passione
intensa
sublime
celata
dalla coscienza infine lacerata.

Ti lascio fuggire
dalla forza del magnete
che sagace a me t'attrae
e scompari tra la sabbia
nel deserto dei ricordi
che ancora
solitari
mantengono disperse
le trafelate acque
delle mie profondità.

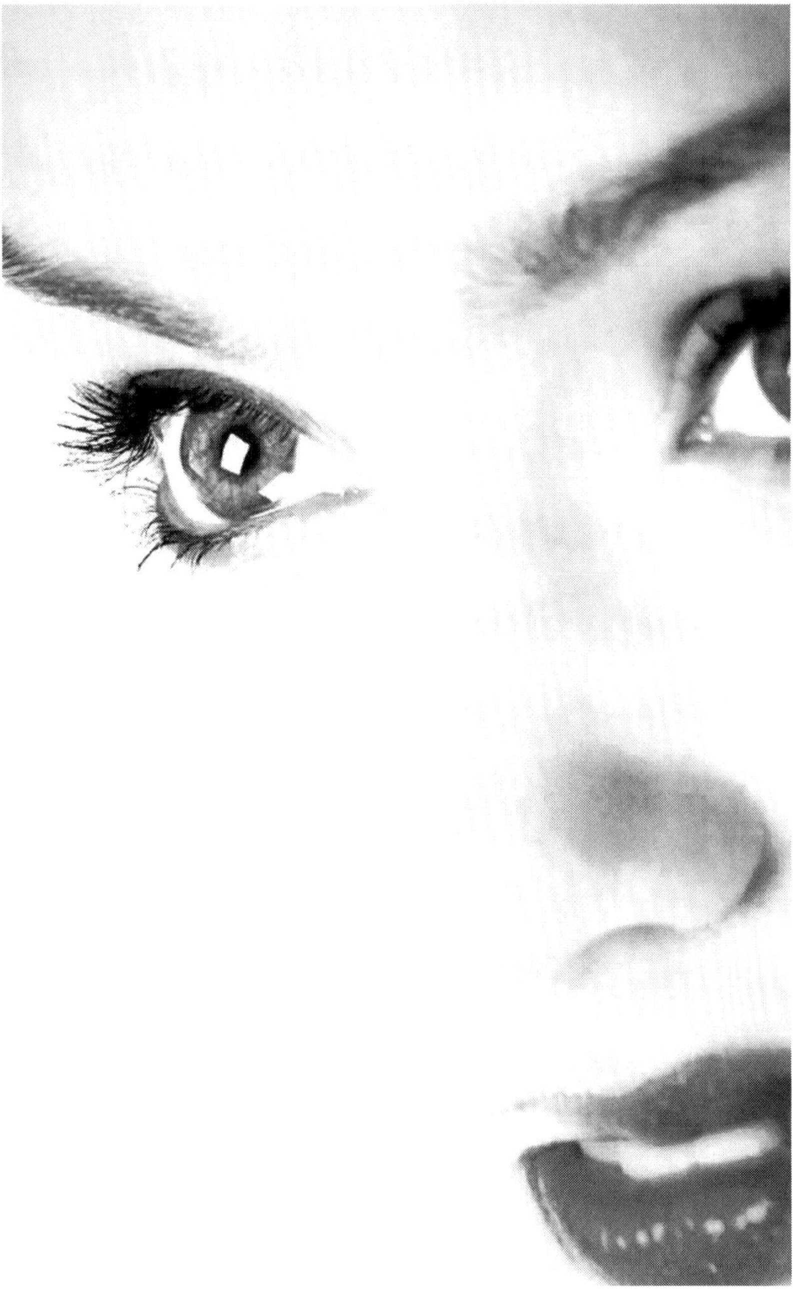

Trema
2/06/2009

Trema
la voce silenziosa
dell'anima mia
che scalpitante
Brama
d'incantarsi
al quadro tuo lucente
dinnanzi
e Sospira
pregustando quel sorriso
che guardando il cielo ti dirà
"lo sapevo".

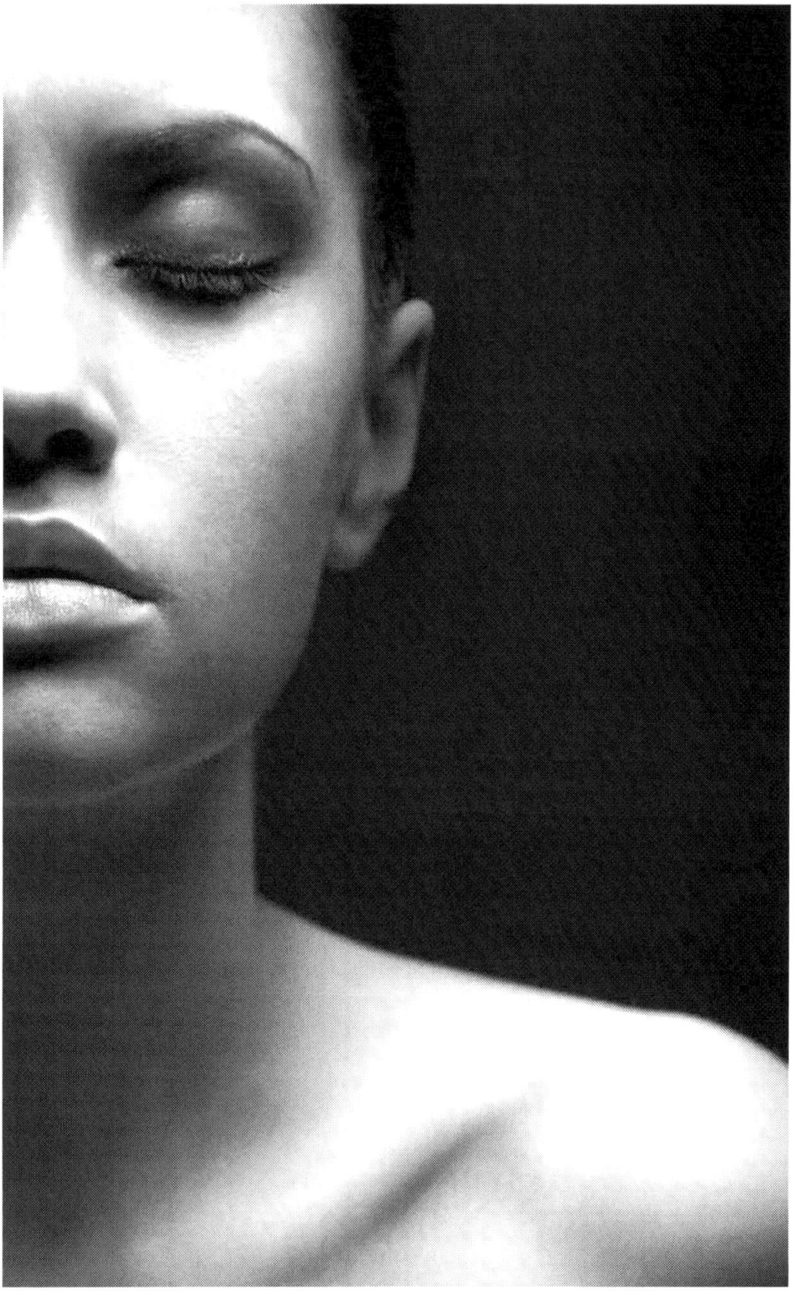

Stanca
6/06/2009

Stanca.
Stanca la mia mente
in continua veglia.
Stanco il mio cuore
che piange nostalgia.
Stanca.
Voglio solo riposare.
Per svegliarmi nel miracolo
di un'altra me
da Te plasmata.

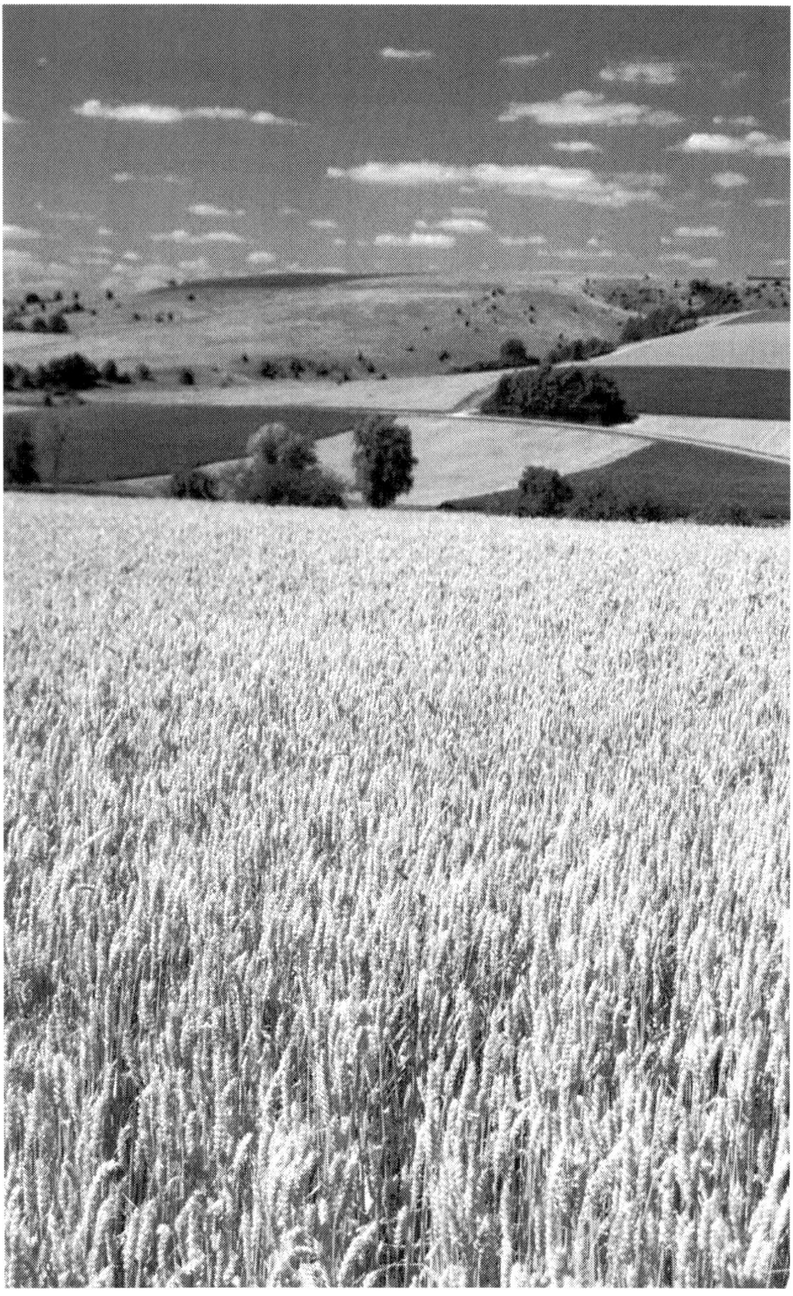

Cammino di Santiago
agosto 2009

Parti.

La paura del sogno
si fa presto magia
e la mente dischiusa
accoglie delicata
i colori del silenzio.

Ricerco l'emblema
che più mi distingua
e del fascino dei simboli
esulta l'estro mio
nel vedere ondeggiar
l'allegorica conchiglia.

Nella prima battaglia
il sorriso d'un saluto
d'oro dipinge
il muro di nebbia
che lenta si dirada
nelle calde sfumature
d'un nuovo tramonto.

Incapace di schivare
del cuore l'utopia,
il sonno trattengo
e ritorno viva.

L'alba che nasce
diffonde il sapore
di nuovi sorrisi,
dilatati nella luce
dei complici passi
d'una sola parola:
amicizia.

Trasporta la notte
l'irrequieta rincorsa
del silenzio solitario

che bramo se del Cielo
la mancanza mi pervade.

Sola
nel verde delle frasche
scorgo nel mio sguardo
la più nobile preghiera.

Silenzio
necessario per udire
le parole nella svolta
dove tu già
seguivi i passi miei.

Inaspettato
il succedersi dei giorni
accanto a te.

Socievole sorprendo
la solitaria parte mia
che fiera s'alterna
nel delicato equilibrio.

Ergi, il respiro del silenzio
che del Cammino mio
all'insaputa hai scelto.
Premura o inganno?

Torni, oh mio Regista,
che latente mi conduci
verso stelle che ancora
distinguo sfocate
sulla via che scorgo
oltre l'Alto del Perdòn.

Verso lacrime di luce
sul tesoro che deponi
ai peccati miei dinnanzi
e nel dono io mi desto

realizzando che nessuno
appagare mai potrà
quest'anima che piange
al solo Tuo richiamo.

Non trovano sbocco
i timidi zampilli
ch'inondare bramano
le profondità
dei cuori delicati.
-Ma forse laggiù
un cuore delicato
sta già cercando te-

Nell'alba immersa
all'amicizia torno
fedele compagna di passi,
novella compagna di risa.

Esplode contagiosa
l'irrefrenabile allegria
che all'apice sfiora
sembianze di pazzia.
Quale tempra
per un animo ferito!
Quell'animo piangente
che consolato
ride!

Nel piacevole sapore
d'una me rinfrescata
assemblo -collante-
i due volti del Cammino
e nel centro dei poli
rivesto
l'inatteso ruolo.

Stampata nel cuore
del grano la tappa

ch'espone al sole
quell'animo mio
che -dal corpo stremato-
espelle benefiche
le contagiose risa:
d'allegria si risana
l'espanso dolore.
E quanta gioia
-io-
della gioia l'artefice!

Pochi passi
all'altra meta
e pochi -i tuoi-
per raggiungere i miei.

Galeotto quel sorriso
che trapassa gl'occhi verdi,
alla Fiesta del Pueblo
magnete m'attrae
e nella giostra della mente
la conferma mi giunge.

Aro la terra
e ti lascio
fattore
coltivarla se vorrai
mentre tu -accurato-
già deponi
delle piccole sementi.

Dell'Assunta quella notte
gentile -sagace-
mi sfiori
e nel giorno che nasce
altri semi sotterri.

Ferma.
La mia stasi ti dono

amica pellegrina
e del giorno di svolta
traccio il confine.

Si sgretola un volto
nel distacco
che bagna gl'occhi miei.
E la notte del passaggio
per prima ci vede
sognare insieme.

Indistinta sorprendo
quella parte fusa in te,
svegliata nell'alba
d'un nuovo volto
che riflette
il nuovo volto mio.

Silenziose, le rinnovate labbra
che solo si schiudono
al sublime ciel dinnanzi.

Moderni i pellegrini
dall'ebbrezza ispanica corrotti
ed io -mascherata-
tra quelli.
Nel dolore crescente
stremata
sul ciglio della strada
ai piedi miei
concedo tregua.

Danza, cuor mio
nella meta conquistata
esulta -silenzioso-
dell'agognato timbro
e vincente godi
il sofferto rifugio.

Tacita la gioia
nell'unione nostra neonata;
delicato l'abbandono del mio viso
sul pulsare del tuo cuore.

S'innalzano tre ombre
dalla terra ch'arde
al paziente rinnovo
dell'infocata Stella.

E di bellezza
acceco gl'occhi miei.

Quand'ecco mi sorprendi
chinarti sul terreno
tracciando dipinti
nell'insolito conoscersi.

Profani noi
nell'antico borgo
che di Santo Domingo
conserva le spoglie
e scatto
al calar del giorno
dei nostri tre volti
l'istantanea più bella.

Cammino a stento
su' piedi lacerati
e trapasso il dolore
mentre trattengo
gocce di sale.

Anelo un richiamo
che nel buio mi giunga
e dal buio -nel frangente-
invochi il mio nome.

Solitaria mi dipingo

nel giorno che nasce
e nell'alba mi disperdo
per scoprire nella croce
la strada che conduce
al cammino della luce.

Sola
nel silenzio
ché del Ciel ancora
bramo compagnia
e pe' scansarmi delicata
dall'intesa che comprendo
primeggia sopra noi.

Piccola
nell'alta vastità
immersa,
all'arida Spagna dinnanzi
commossa.

Gocce di sorrisi passati
come pianto del pianto che sarà
la futura nostalgia.

Sola
la sola meta
che sola raggiungo;
dell'acqua cristallina esulto
se rafforzata
la paura depongo.

Posate le pellegrine vesti
all'acque benefiche giungi
mentre l'intime acque
stratega raggiungi.

L'ombra della nuova Stella
silente non chiede altro cammino
e dal Cielo sorretta

l'ombra novella
l'amico affianca.
Liberi noi
nel tacito dono
poterci vivere!
Sollievo, nel costante dolore!

Del maligno magnete
il cuore gentile,
cieco dell'arma
che scaglio dinnanzi.

Al rifugio ch'accoglie
i più stremati piedi miei,
le fiamme che prime
mi scovi nel cuore
sotto il cielo ch'imbrunito
ci strappa la promessa.
E s'accende -prematura?-
del riposo la notte!

Soli
nell'ultima tappa
di magiche luci dipinta.
Prosegue l'amico
che d'empatia sorprende.

Emana gratitudine
l'intima mia voce
dentro un cielo surreale
dal Tuo legno coronato.

E "fin quando il pellegrino
dominò nel borgo
i monti di Navarra
e vide gli estesi
campi di Spagna,
mai poté godere
d'una vista bella come questa"

e di unici momenti
avvolgiamo i nostri passi.
Noi
che con noi
l'ardua tappa pare lieve.

Conquisto con Burgos
la meta prefissata
che la stregua del dolore
non rimosse dal mio mare.
E quanta luce
della luce la conquista!

All'ora del saluto
l'abbraccio dei ricordi
getta sale nello sguardo
e purifica l'anima
l'alta commozione
della sola parola:
ricchezza.

Dei doni Celesti
realizzo la magia
e le gocce di vita
bagnano il suolo
del viaggio che segna
il Cammino di Santiago.

Della nobile preghiera
si riveste commossa
la più vera parola:
grazie.

E del Cammino mio
il cuore rinnovato
-senza più timore-
nel silenzio
sogna.

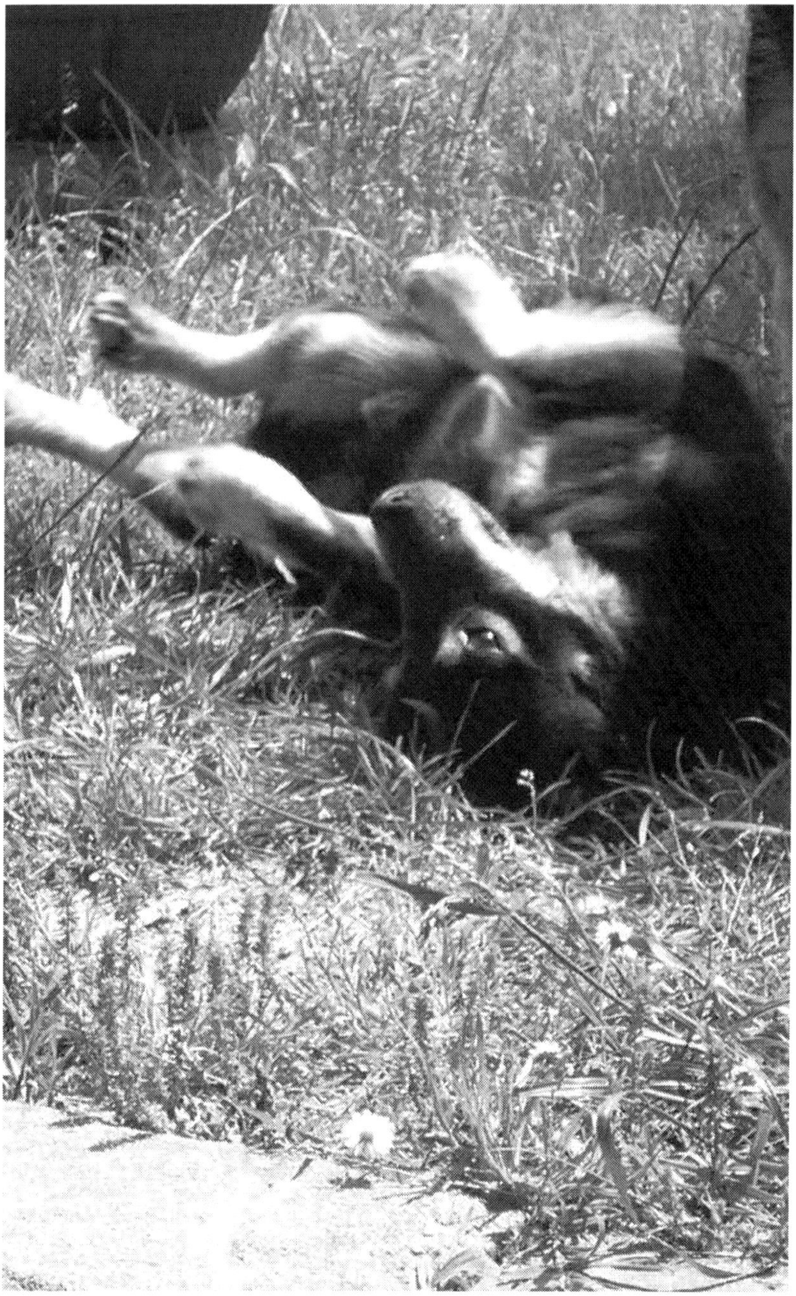

A Nicky
13/10/2009

Profonda la dolcezza
nello sguardo tuo sincero
ch'il cuore più duro sapeva mitigare.
Oh mio piccolo compagno di giochi,
se solo il cuor mio non fosse plagiato,
saprebbe gioir
del Ciel in festa.
Contrasta nel vuoto
la Sfera piangente
ch'hai lasciato.
Deserta privazione!
Quale dono per i bimbi svolazzanti
nel godere della gioia
di quand'ero bimba anch'io.
Gioia mia che sempre sei.

Spensierata illusione
di corse felici
su verdi deserti.
Rinnovato stupore
di passi scalpitanti
nell'allegro fischiettare.
Eterna convinzione
sul pregiato valore
dell'amico più fedele.
Quanta memoria hai colmato!
Quante anime commosso!
Piccolo tu,
nella grande tua forza
nel semplice immenso del tuo candore.

Rimani -luce dei ricordi più puri-
a diradare la nebbia
della stolta umanità

coll'esempio silente
del cuore più eloquente
e nell'intimo Grazie dei nostri pensieri
resta -ricchezza d'aride acque-
ad addestrare quei soffi -nostri vitali-
tu, d'umanità vero maestro.

Va'
ora
dolcissimo amico
ché nel Ciel s'abbaia a suon di festa
ed asciuga gl'occhi tuoi lucenti
che delicato ancora posi
incessante sopra noi.
Va' senza voltarti
-eterna nostra gioia-
ché la vita c'hai donato.
Sali
luminoso
sull'arco Suo celeste
tu
ch'ancor più
darci non potevi.

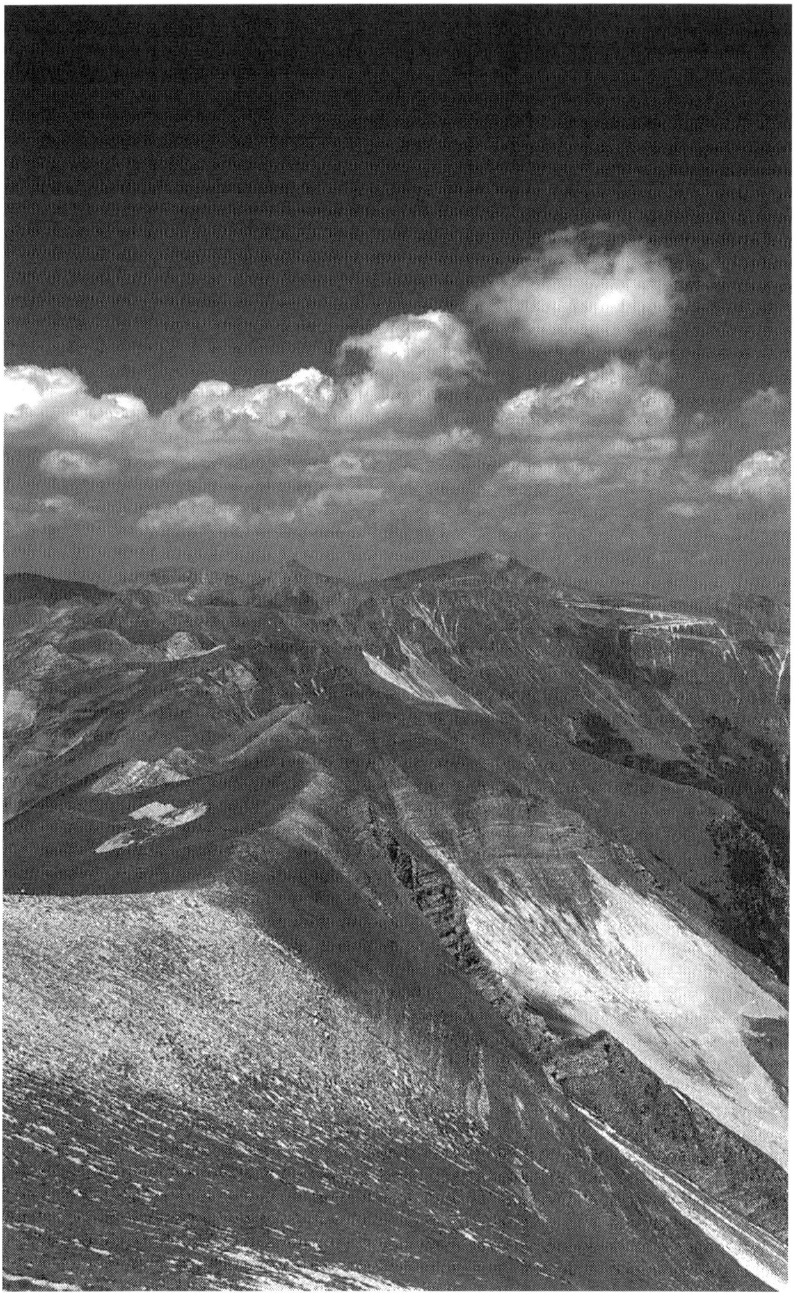

Sguardo sui monti
22/11/2009

GRATA

PER CIO' CHE SOLO

NEL SUO ESSERCI

M'ALLIETA

E MAI

QUEST'ANIMO FERITO

DELUDE.

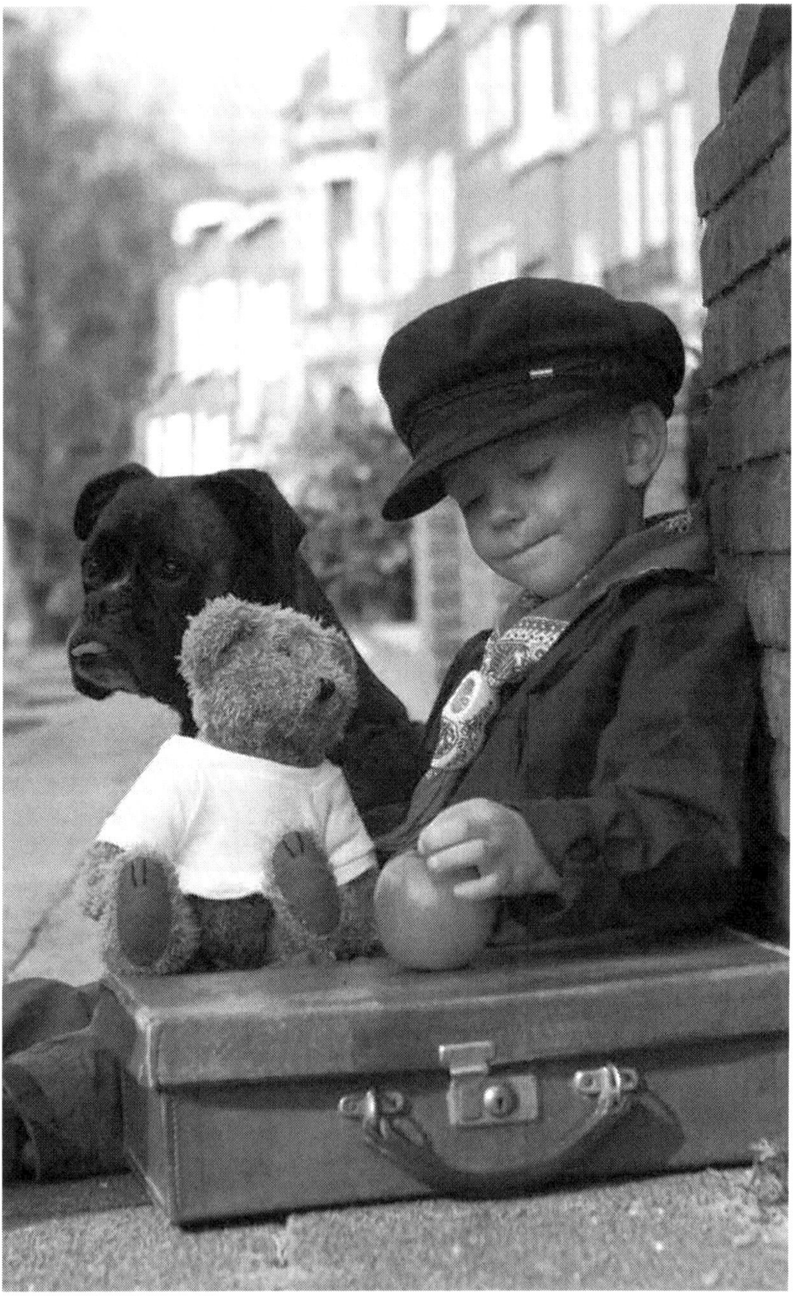

Filo di seta
28/11/2009

Un filo di seta

ci lega

nel desolato cemento di cuori;

sussulta -il mio-

se cosciente si desta

nella sferica armonia

ove la tua pena

riconosco nella mia.

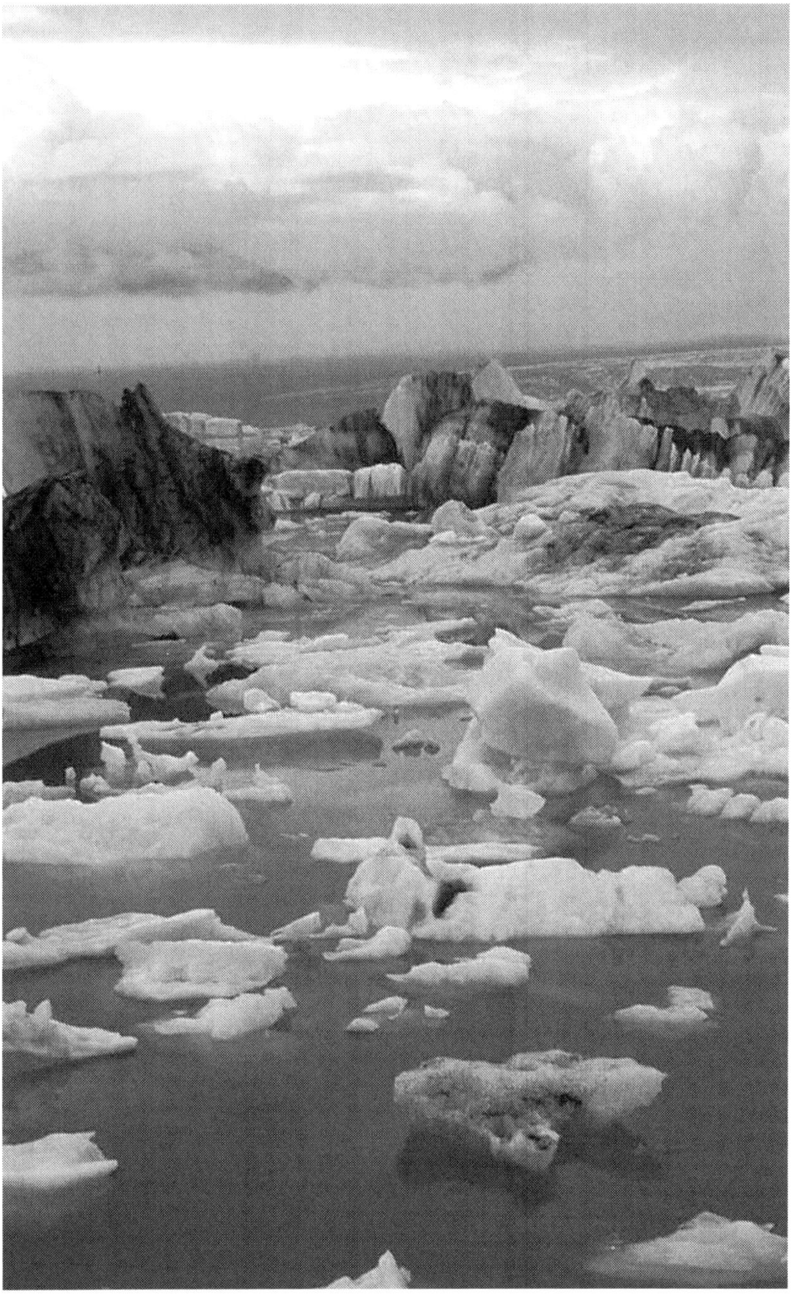

Immobili acque
13/12/2009

Immobile

la profondità

delle calde mie acque.

Emana silenzio

l'ultimo boato

che precede sommesso

questa nuova glaciazione.

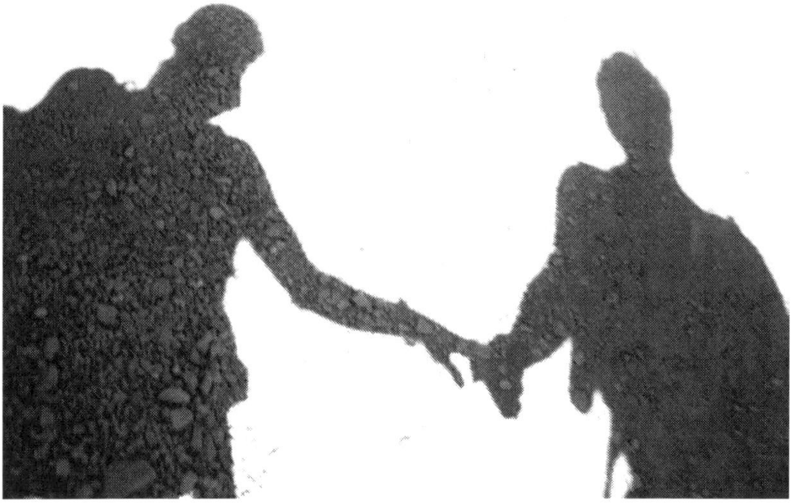

Onirica risposta
7/01/2010

Afferri solerte

le sole parole che so pronunciare;

quel dubbio discerni

che l'anima sempre travaglia;

risposta imploro

nel sonno

e placido ancora m' accordi

nel sogno di lui

che tingendo m' affianchi.

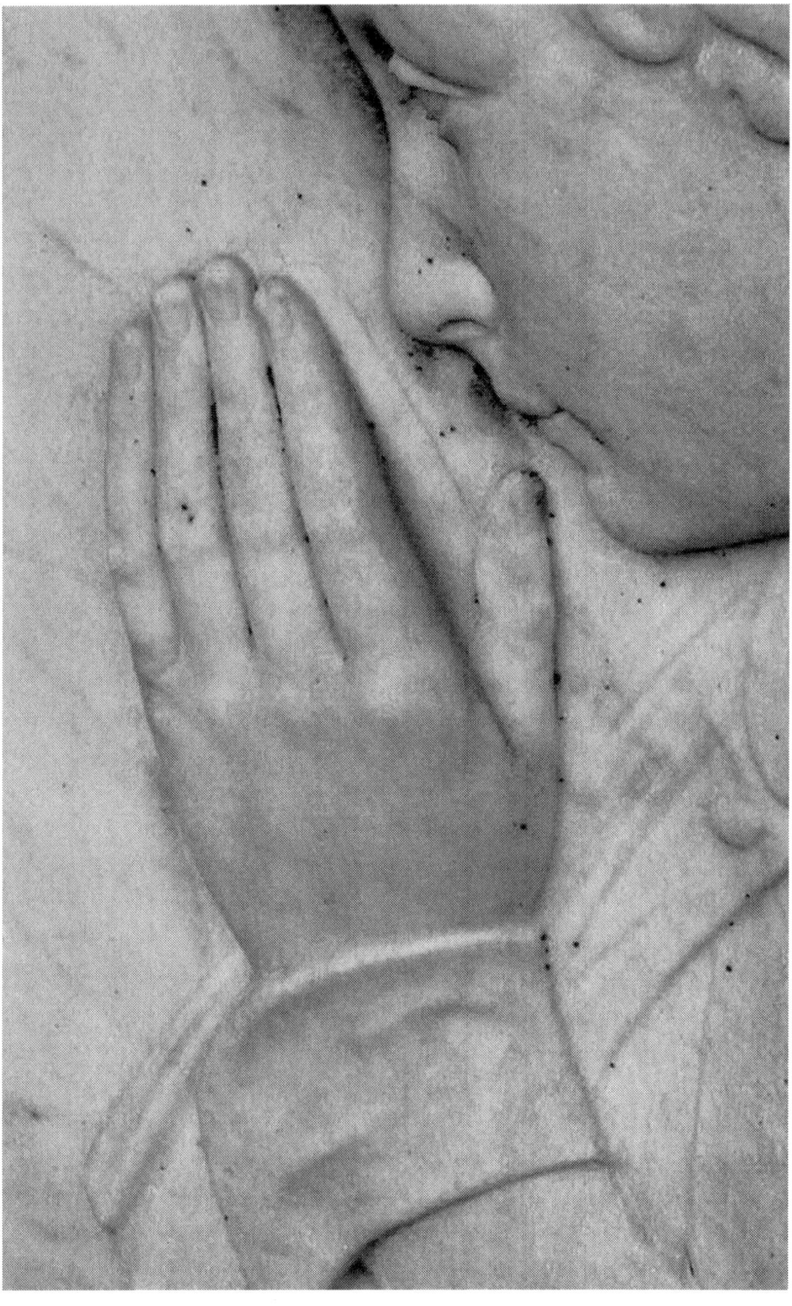

Nobile preghiera
23/01/2010

Nell'incedere del tempo

con passo sicuro

cammino al tuo fianco

e nell'ora che l'occhio

al Cielo rivolge,

dilato sorpresa

la nobile preghiera

che di nomi novelli

fiduciosa si nutre.

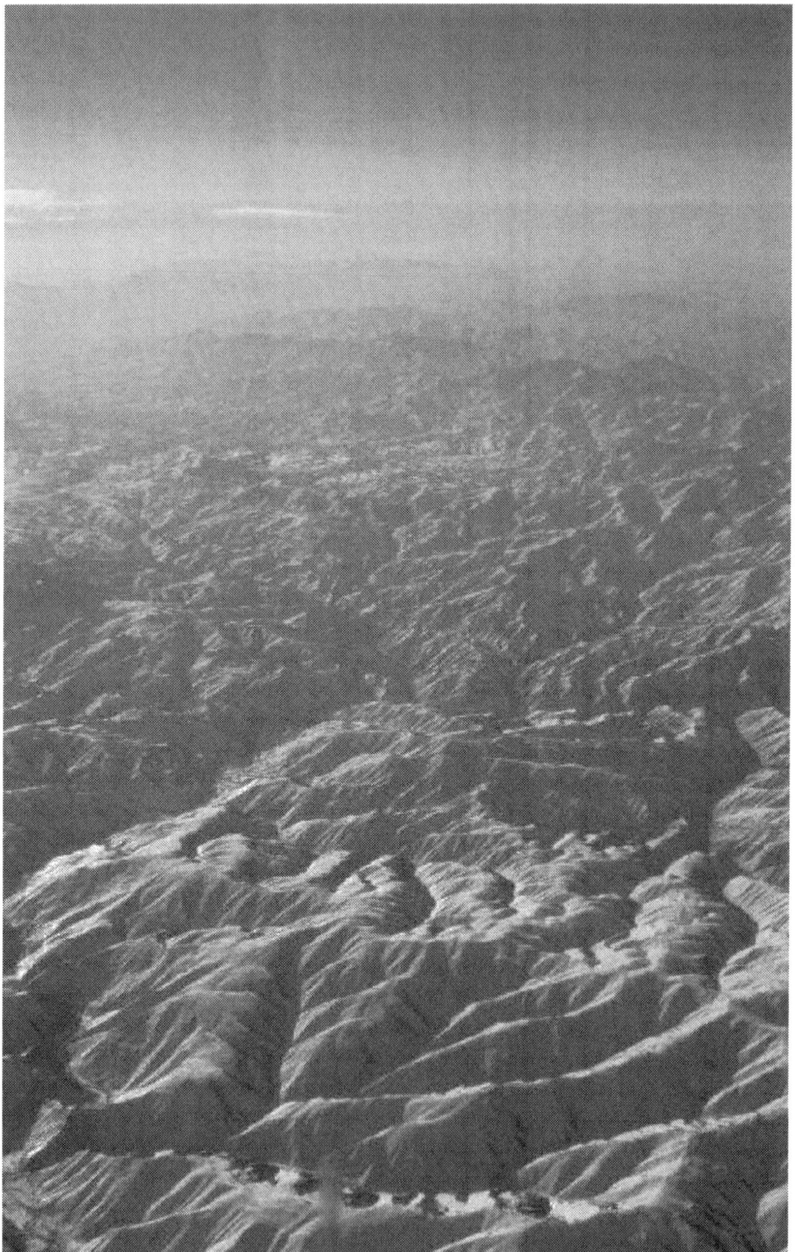

Assopito volo
12/02/2010

Oh, non si desta

l'animo poeta

che più sublime accoglie

dell'arte l'essenza

nell'assopito volo

che la cruda materia

non può dirottar.

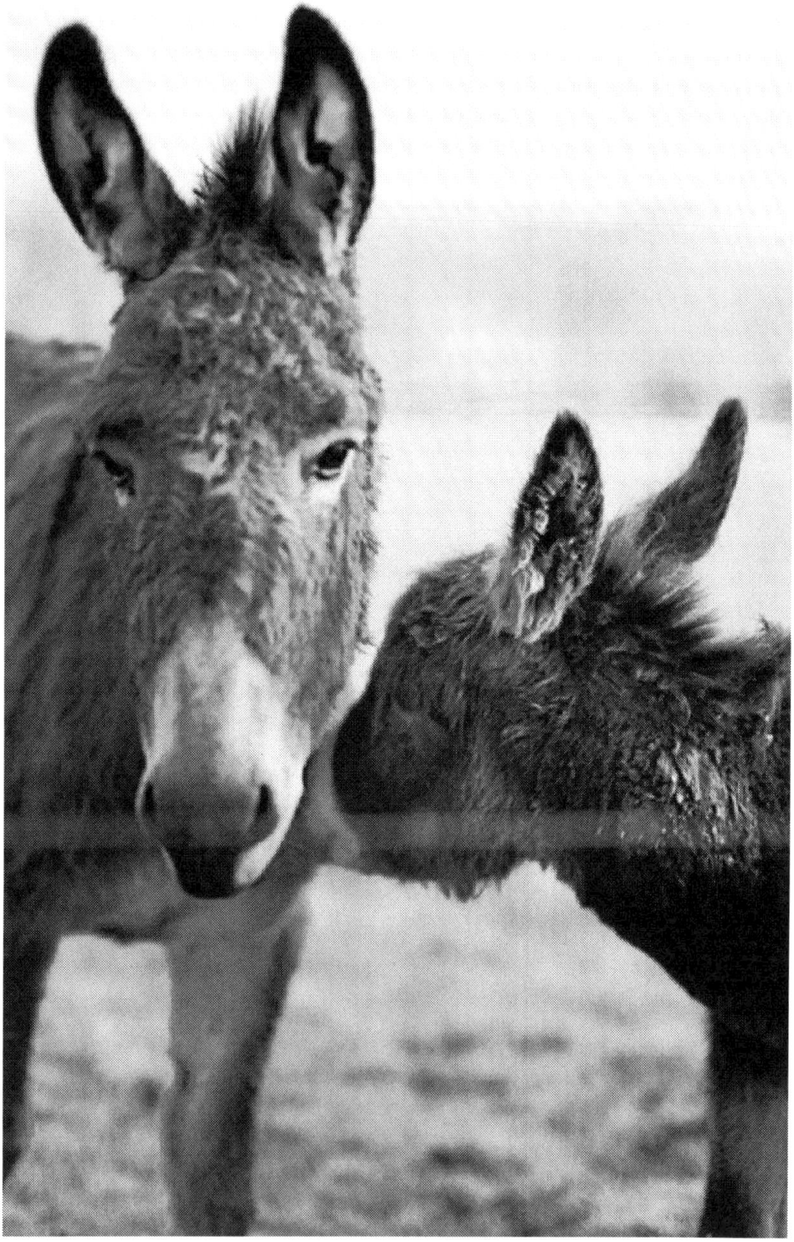

Sale sulle spalle
14/02/2010

Se la dolce angustia

che pacata attende

Tu dipingi

come sale sulle spalle,

io la amo

chè da sciolta

decantar saprà

-nel suo ricordo-

la bramata leggerezza

che non gode chi

di sole spugne

il dorso grava.

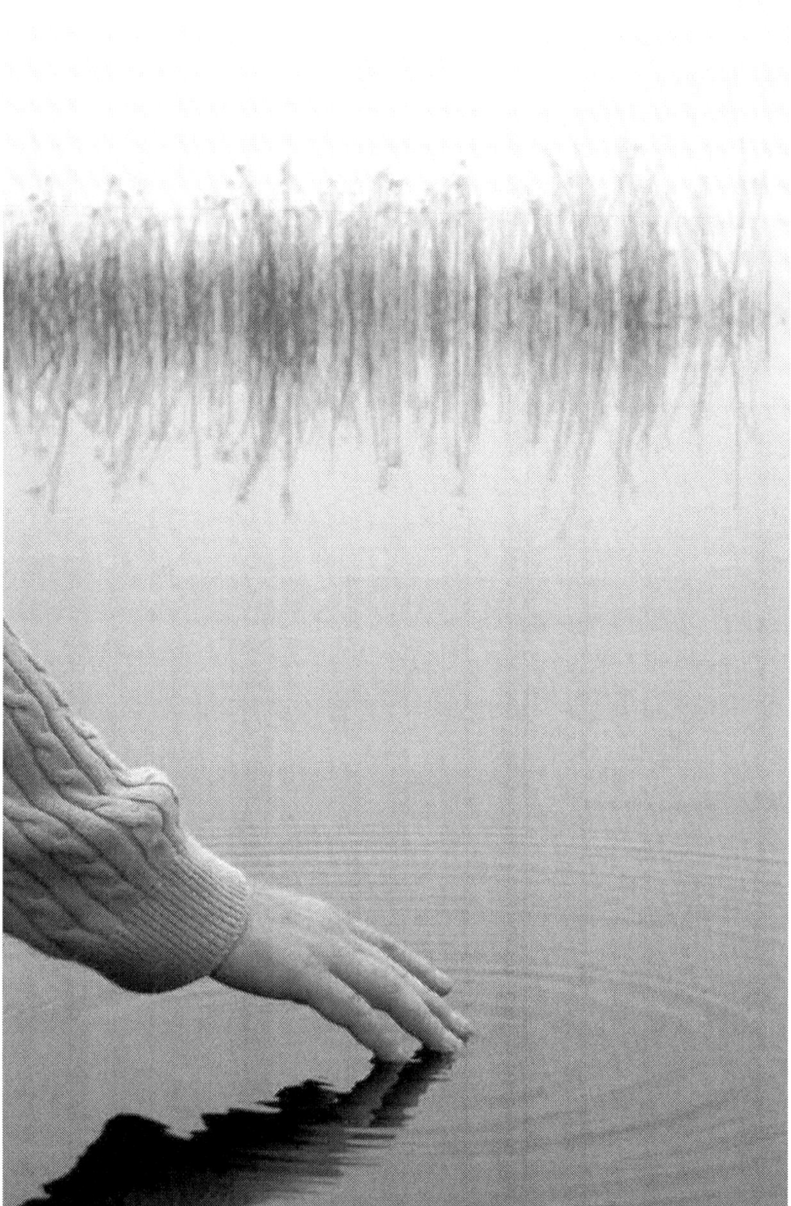

L'offerta
25/02/2010

Non solo prego

d'ordinaria preghiera

ma degl'istanti miei

il boato dei pensieri

immersi nel silenzio

devota

Ti dono.

Possa quest'offerta

granelli di terra

salvare.

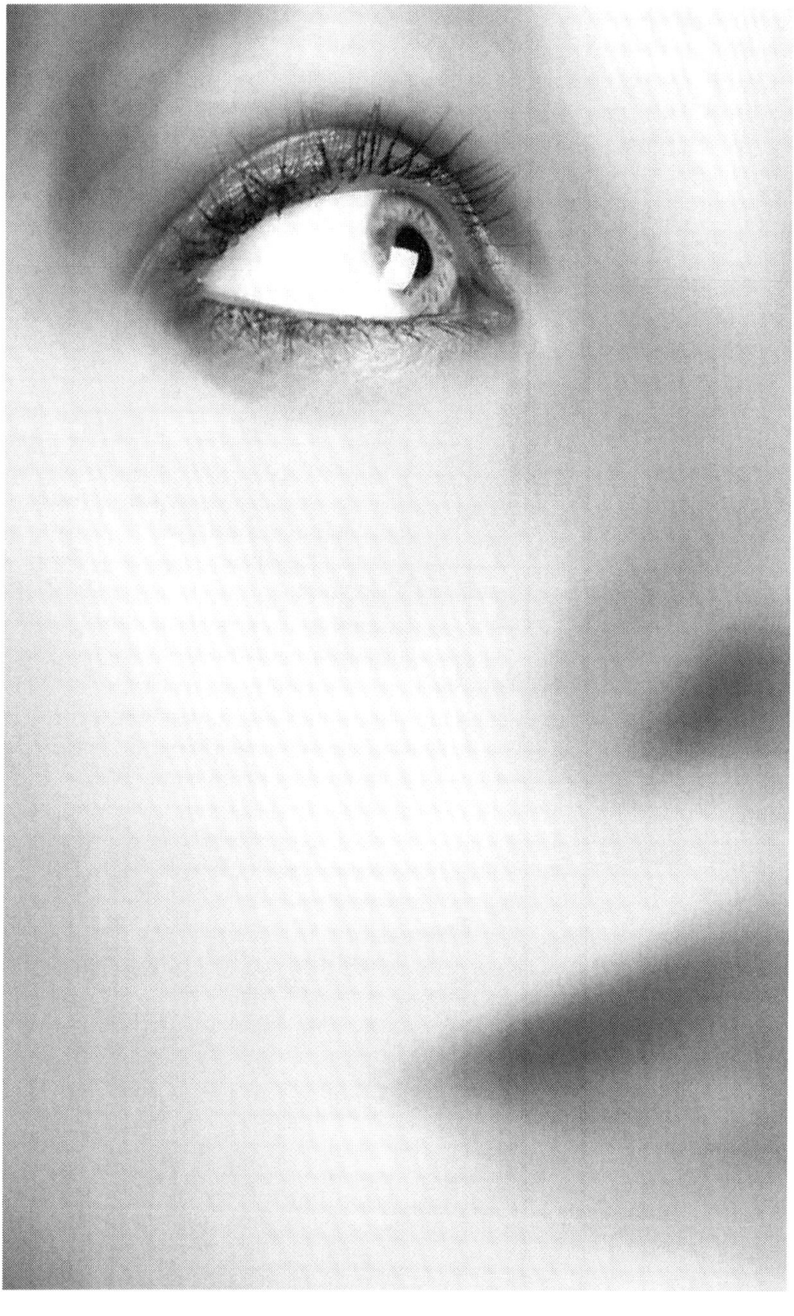

Vista lucente
14/03/2010

Oh non eccelle la mano
nel dipingere realtà
né la voce
nel cantar melodie;

ma la vista distingui
lucente
se dall'acqua Tua viva
'l nodo 'n gola
vuol esser districato?

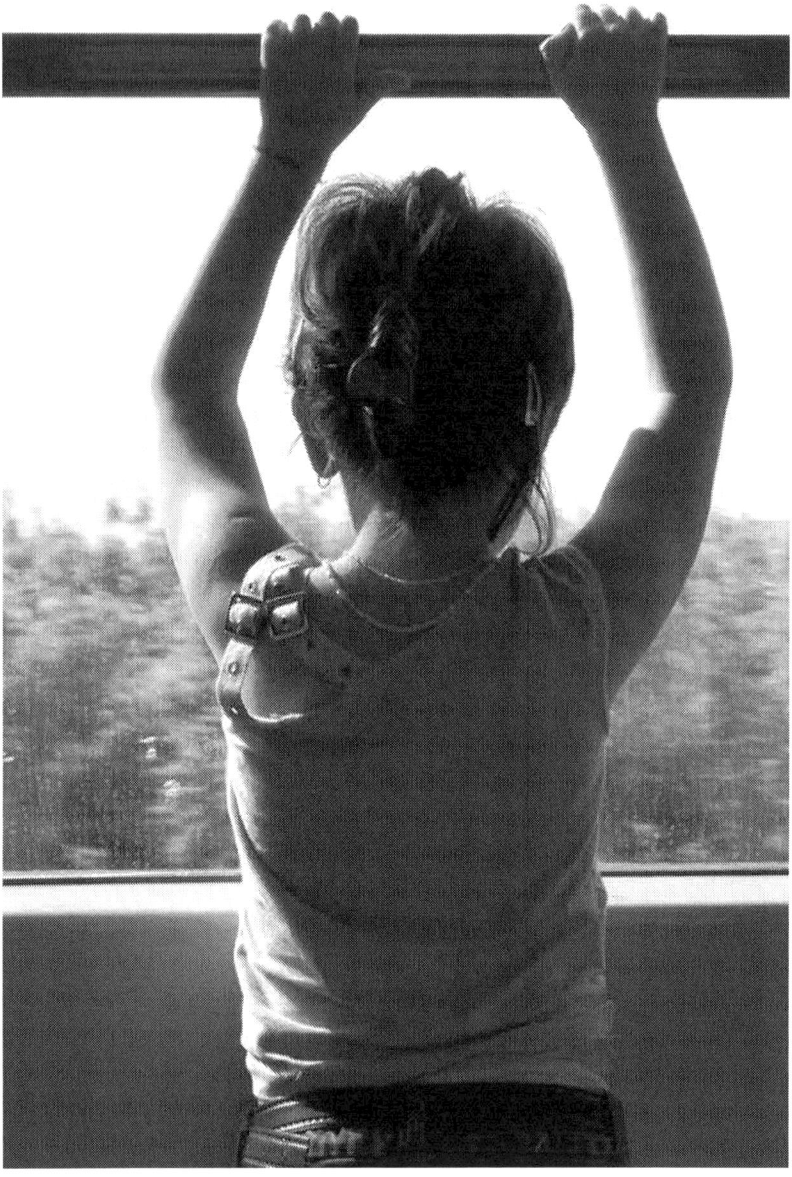

Beata beltà
18/03/2010

Di beltà beata i visi sognanti

-a me dinnanzi-;

oscuri la vista tu -come lei-

nel fuggente rifugio

che geloso ritagli.

V'osservo dinnanzi -ignare sorelle-

rispecchiar la bambina

che si lascia cullare

dal treno ch'ora pare

la nave che portava

quel giorno stelle schiave.

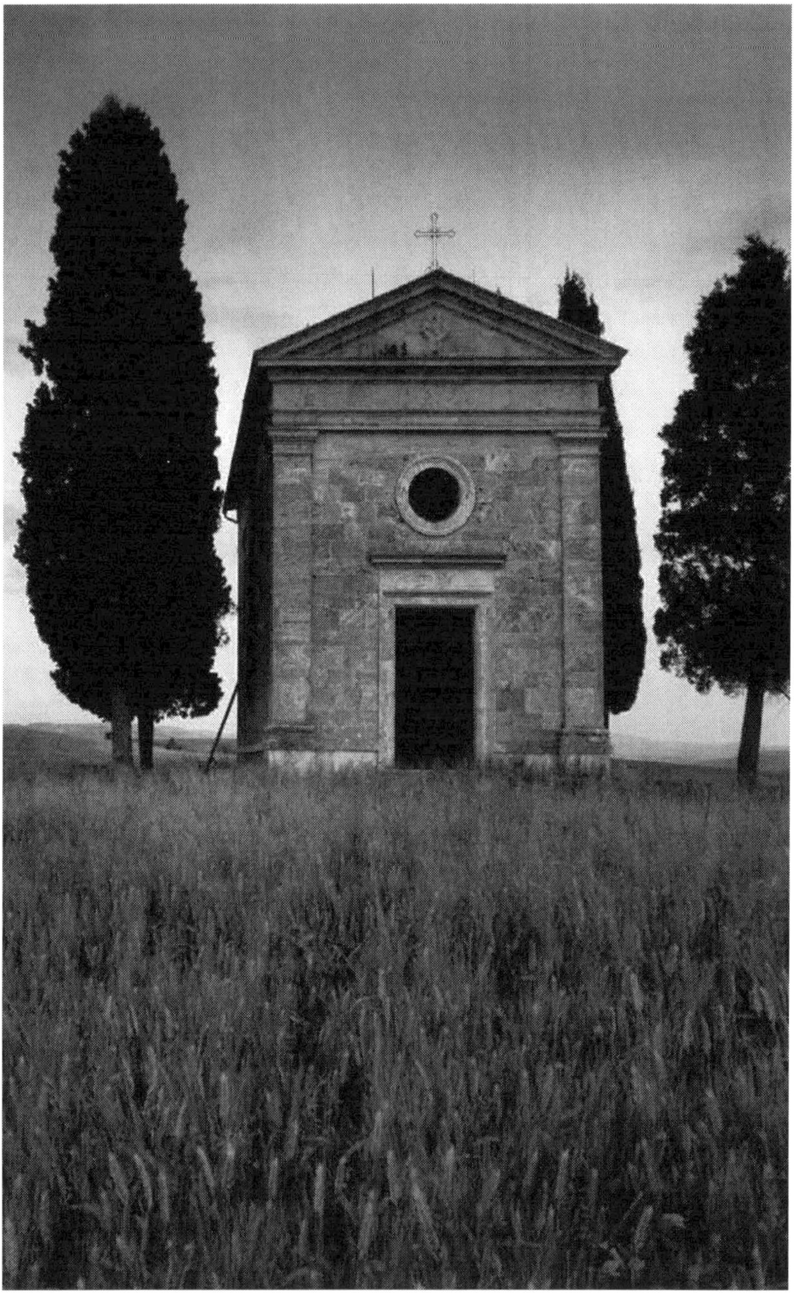

Sete di conforto
19/03/2010

Oh non si placa
la sete di conforto
in terra straniera
son io -voce e corpo-
forestiera.

Ma nell'intimo risuona
nativo l'aspro mare
che nell'abisso tuona
se quell'animo non placa
la sua sete di pregare.

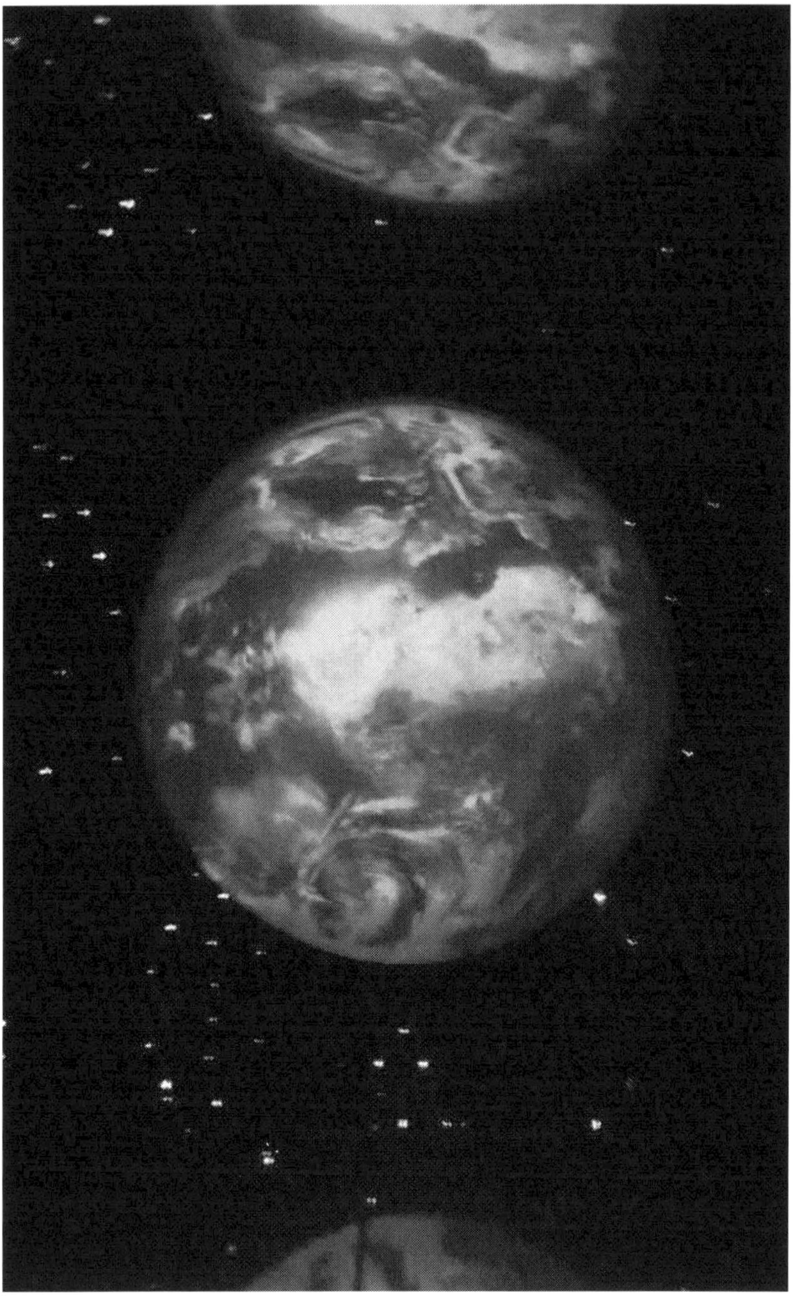

Piccoli
5/04/2010

L'animo investe
del cosmo la conquista
celeste.

Deserta nostalgia
d'un sogno latente
la mia.

Lo spirito disseta
se tingi di luce
la meta.

Sfocata visione
dell'immenso mistero
prigione.

Nel mondo distesa
dell'innata risposta
l'attesa.

Stolta condizione
di sconnessi tasselli
perdizione.

Distorte finezze
di sorde parole
grettezze.

Paure dilatate
d'ignote visioni
limitate.

Minuscoli riccioli
dell'immensa chioma
piccoli.

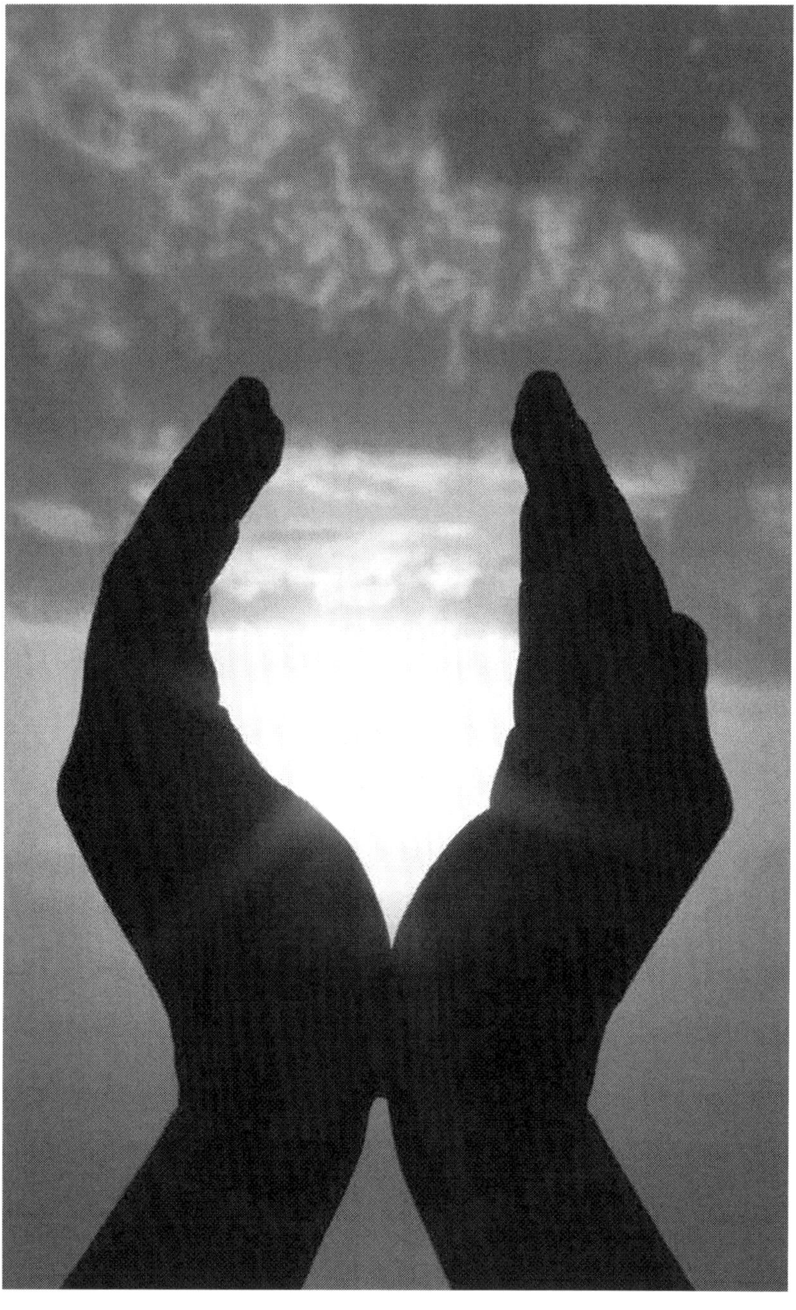

Nuvola
2/05/2010

Dall'anima mossa

preghiera commossa

nel dono rivolto

al vero sconforto.

Oh nuvola scelta per tuo candore

benigna con me, non porti timore.

Dal Sacro volto sei stata scalfita

onorata per sempre, quest'anima ferita.

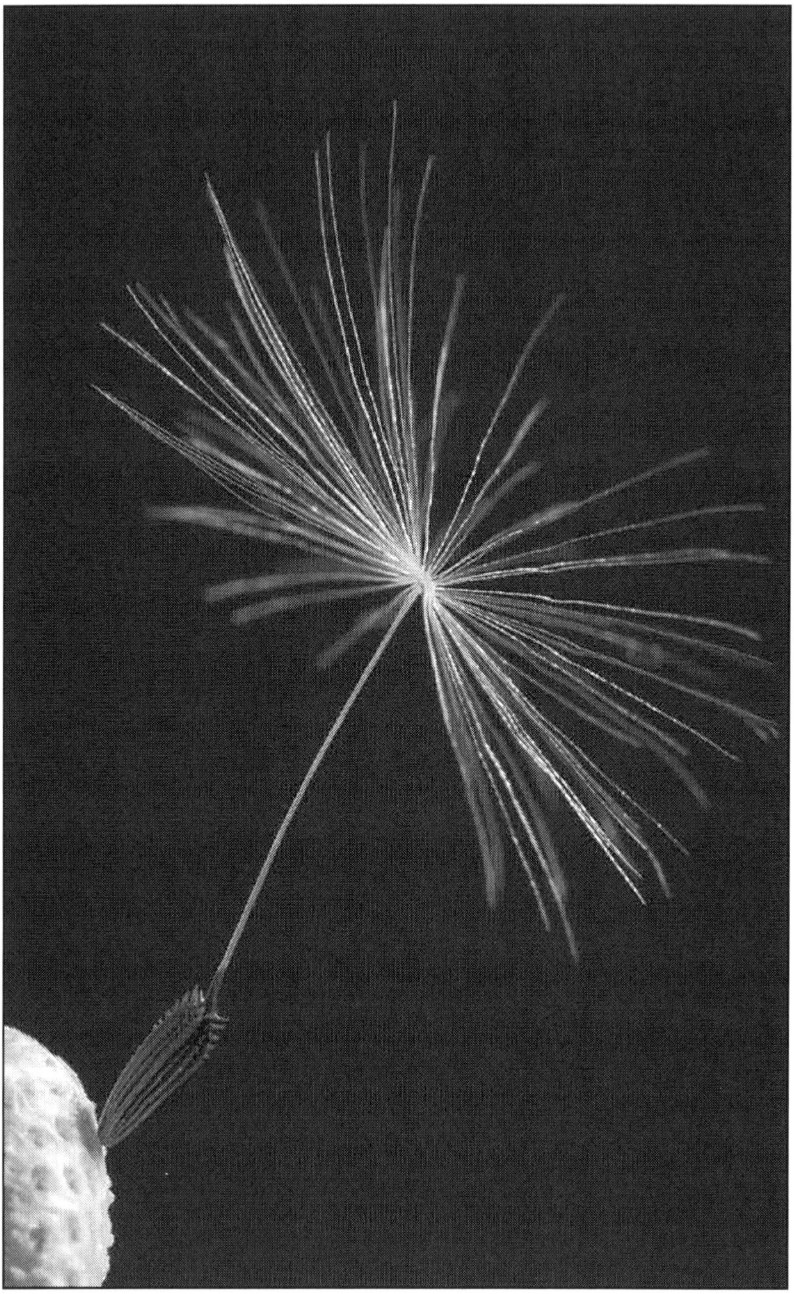

Seme di speranza
21/05/2010

Calano l'ombre,
s'acquieta la danza;
un fremito incombe,
rimbomba la stanza.

Consueto tormento
sul dramma del mondo,
nel cuore cemento
trascina sul fondo.

Nell'anima speme
di dolce rinnovo,
interro quel seme
e ancora ci provo

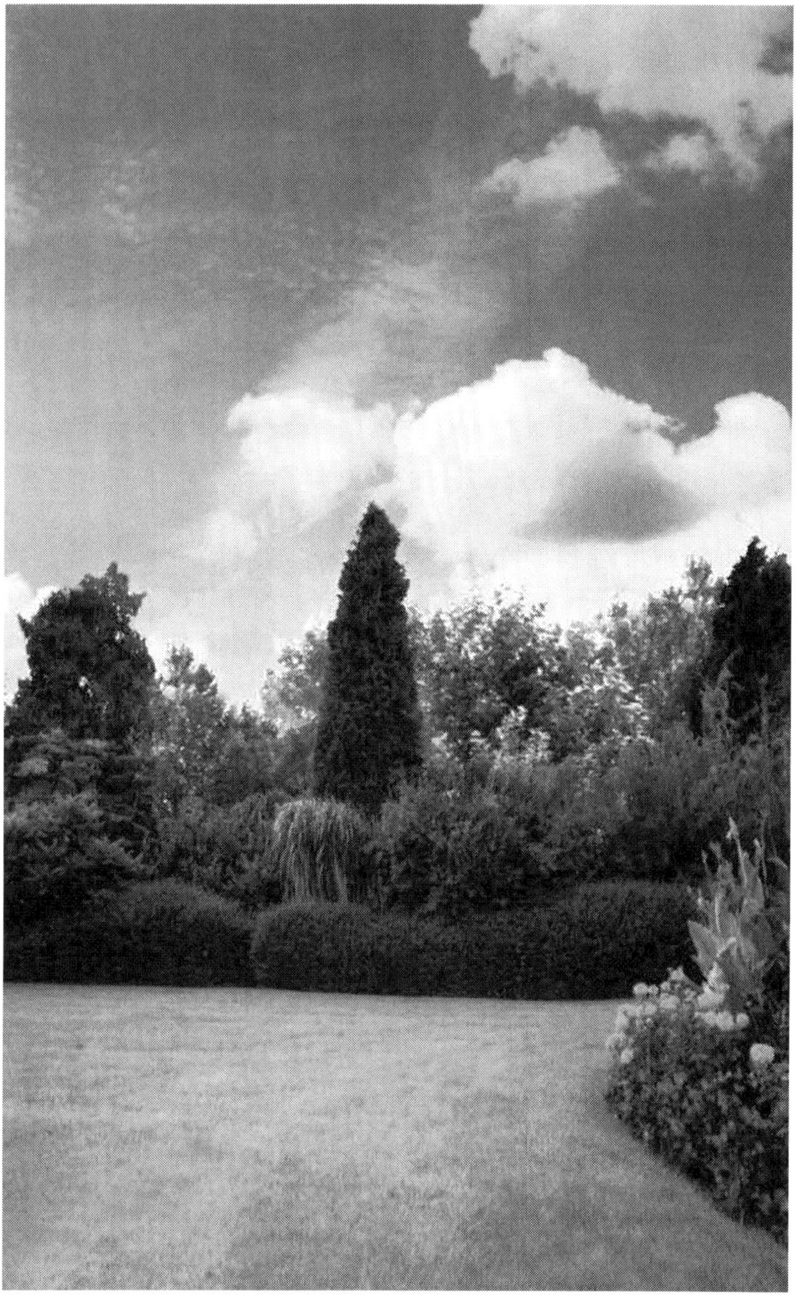

Raggiante natura
2/06/2010

Quanto più vivo

il verde brillare

di fronde sinuose

ch'epurano 'l ciel

e l'ombra dal suolo

cortese desiste

al vivo creato

nel gaio festar.

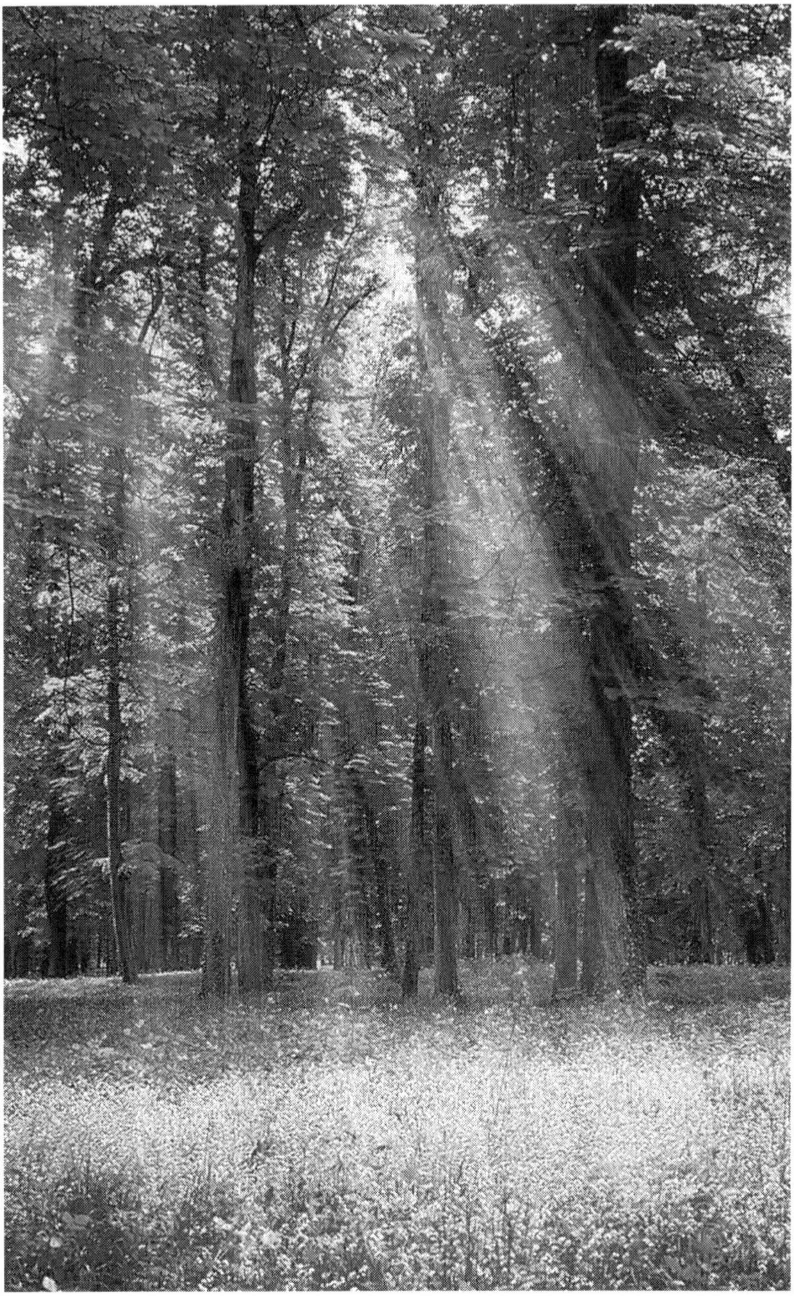

Soffio di quiete
11/06/2010

Quanto grava il mesto passo del cammino

ch'in piccole virtù conforto trova:

nelle note melodiose d'un intimo rifugio

che sa custodir l'arcana pena,

ove l'occhio fidato alla volta del ciel

tra dense nubi l'amo scaglia.

- Quell'amo d'attesa

 ch'attinge celeste speranza -

E del fresco tepore giunge l'abbraccio

sotto l'arco verdeggiante d'un manto rigoglioso

che depura di natura

un soave sorriso sul viso.

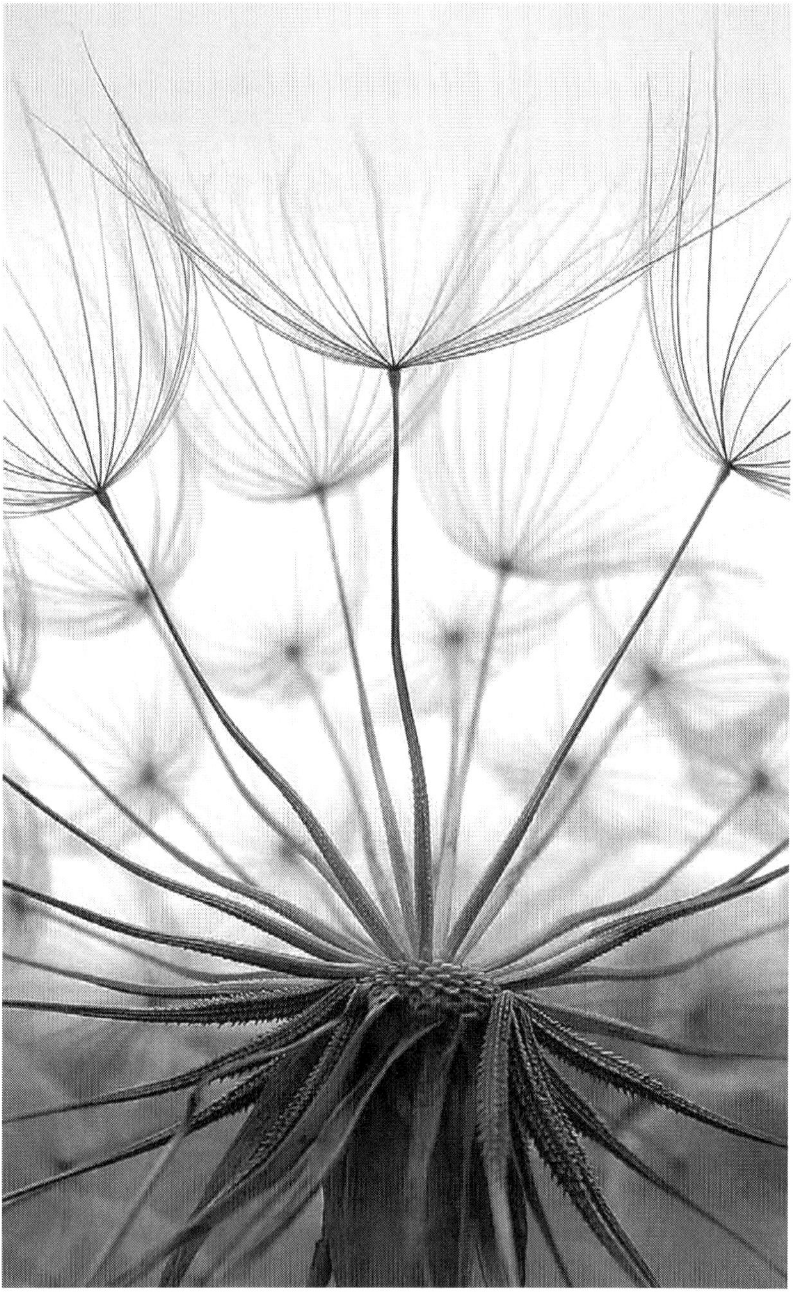

Viaggi
22/06/2010

A Suor Rosamaria

Viaggi bianco velo,
fedele al sacro voto,
viaggi 'n terra ardente
tingendo freschi cieli.

Oh candida nube,
su steppe sconfinate
adombra 'l tuo passaggio.

Viaggi bianca piuma
nel volo delicato
-com' alito di vento-
a briga porti pace.

Viaggi gabbiano
piumato d' avorio,
gioioso 'l tuo canto
nel mare silente.

Soffice neve,
disciogli nel viaggio
la bianca tua essenza;
acqua divieni.
Ti doni,
ristori
l'arso pellegrino
che pallido boccheggia.

Scorre nitida nel fosso
ardita la corrente,
viaggia -come te-
irrorando secche sponde.

Oh schiuma del mare,
rincasi silenziosa
dal mare delle genti
e viaggi di ricordi
ch'ancora tu sostieni
d'innata tua preghiera.

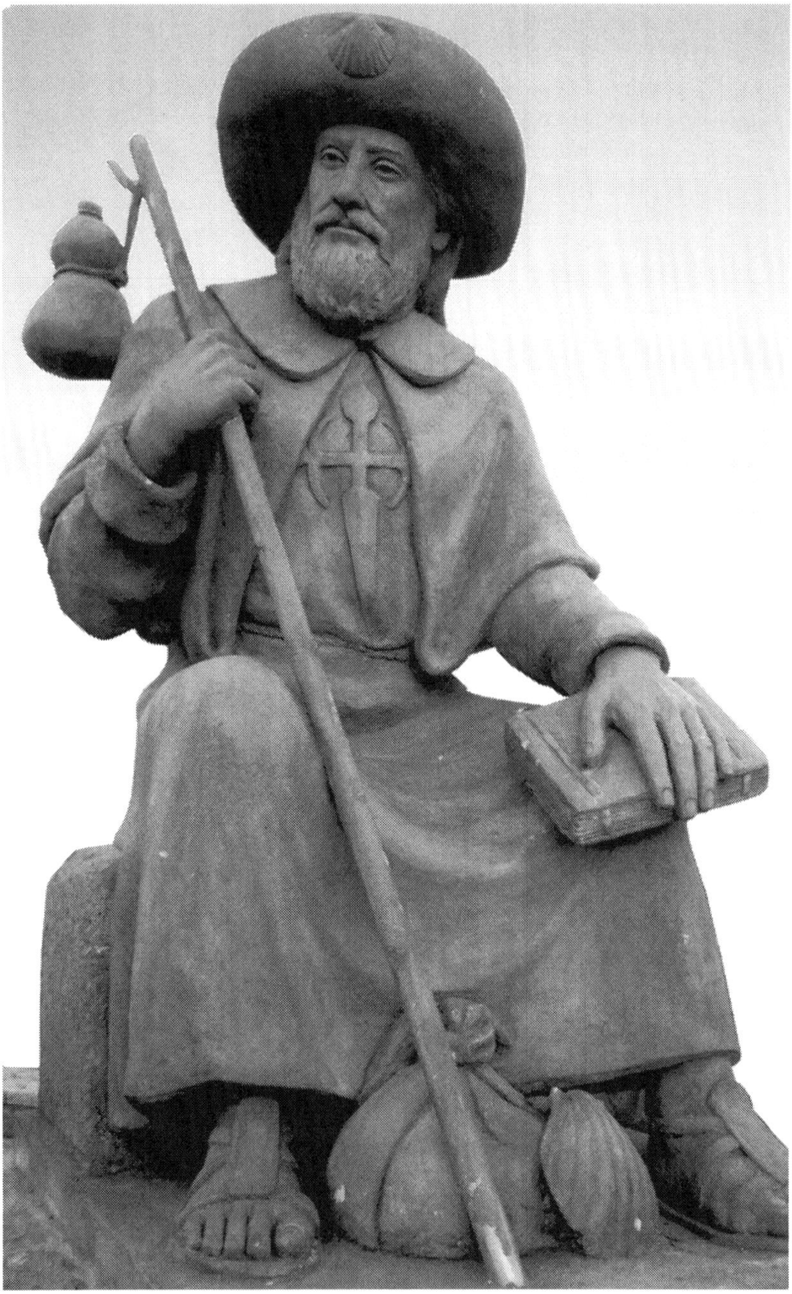

Cammino di Santiago
Agosto 2010

Parti -ancora-
ma col cuore delicato
che dal Cielo fu donato.
Del sogno, la paura s'è dissolta
e le tinte del silenzio
s'alternano di voci.
Le nostre.

Dall'alto si scaglia
zelante l'aiuto
ch'il nostro tardare
anticipa l'arrivo.

Riviviamo le tappe
insieme raggiunte,
lo scorso cammino
d'unione neonata:
sfogliamo pagine
-l'ultime pagine-
d'un libro accantonato,
per rinfrescar ricordi
d'impolverate nostalgie.

Riprende la lettura
come se mai
-il libro del Cammino-
fosse stato chiuso;
come se mai
-un anno trascorso-
fosse stato vissuto.

Quella che fu l'ambita meta
oggi diviene bramata partenza:
Burgos, permane nel cuore.

"Soli
nell'ultima tappa
di magiche luci dipinta"
ricordi?
Quel cielo surreale
anch'oggi c'accompagna
tuttora
soli.

L'intima ricerca
d'un'orma guidata
oggi diviene l'eco peregrina:
grazie.

Nel colore ritrovato
giappiù per l'acque mie
l'ardito passo tendo;
ma l'affanno d'ogni tappa
al grande Padre offro
per allietar di luce
l'anime più care.

Ad ogni spuntar
dell'infocata Stella,
rinnovo l'offerta
del passo dedicato
e, resa lieta la person'amata,
prosegue l'orazione
in siffatta 'nvocazione:

"Ancor sorreggi gl'arti miei
conducendoli alla meta
e, nel traguardo insieme raggiunto,
voglia Tu
gioioso

unirti al mio trionfo
pe' altri granelli di mondo salvare;
affinché mai sia vana
la mia -seppur piccola- pena,
come quel giorno
accogliesti le mie lacrime
nel dono prezioso
del tuo mirabile volto".

Qual fatica
delle prove, la prima
al mio papà terreno resa 'n dono.

Al dolore poc'avvezzi
senza 'n acqua che ristora
del domani già perplessi.

Un barlume rischiara
la nube che -grigia-
già portava cedimento.
Ed ecco, domani,
si scioglie quel sale
che ieri gravava.

Volteggio nel grano
dell'insolito splendore.
Dorso leggero
s'un passo danzante
nell'omaggiar la mamma
di cotanta poesia!

S'accende nel buio
l'alba più bella
che nell'intimo mare
porgo a mia sorella.

E atteso nel profondo
il saggio pellegrino,
dona perle di vita
a cuori accoglienti.
I nostri.

Dedico pensieri
al fratello mio lontano,
complice di passi
che -per primo- queste terre calpestò.
Mediatore
nella guida mia celeste.

De' pie' mio, il ristoro
teco tempra l'alma stanca.
E qual'insito valore d'un pasto frugale,
mentre l'un de' più quieti
sostare c'attende.

Dividiamo la cena
col solo pellegrino
e s'intrecciano voci
di storie. Le nostre.

Dell'indomani l'infinita via
è per lui che fu primo
la sorgente di zampilli
e che, l'acque mie, tuttor non seda.

-Nel monotono sentiero
l'esiguo platano
riparo non dona all'arso passerino.-

Ma la tarde ci placa
invece le membra

col biondo personaggio
nell'insolito brindar.

Usuale fatica
ch'il celebre suolo raggiunge:
Leòn.
Al compagno di sore donato,
l'intenso celeste
che l'acqua tersa riflette.
Come fu Belorado
lo scorso cammino.

Benedett'i pellegrini
da chi porta 'l bianco velo;
ed un poco s'appaga
l'intrinseco desìo
dell'Alta compagnia.

La gotica chiesa
immersa nell'alba lasciamo,
seguiti d'un sole
ch'accende dissidi.

Disgusta l'affanno
ch'il torrido fuoco non placa;
e giunge la tappa
ch'il terzo riparo tu scegli.

Spartiamo 'l dover
de' panni pellegrini,
pe' dopo gustar la clara bevanda;
e se ristorati intorno vaghiamo,
la rustica statua mi fa 'nnamorar.

Oh qual gradito

l'un condiviso pasto!
E dolc'è la sera
ne la quieta dimora.

Serena quell'ode
de' passi novelli
se tu, delicato, ammiri ruscelli.
E ancora qual delizia
la nobile sosta
che membra soddisfa!

Per poi ripartire
fin dove trovare
colui la cui casa
dispone con cuore,
"la casa de los Dioses,
donde la vida es la obra
de nuestros pensamientos"
e lo spirito fraterno si rinnova.

Sofferta la meta
che soddisfa gl'occhi miei,
guarnita d'eleganza
in quel d'Astorga.

Collegiale il primo pasto
che ci vede litigare;
qual timore d'aver perso
la preziosa credenziale!
Poi di colpa 'l sentimento
la mi'anima corrode.
Oh tesoro, qual tormento,
di perdono la mia ode!

E nel mentre, camminando,

l'anelata promessa: "sempre insieme."

Un ritmo d'intesa
solenne ci lega:
vivaci sorprendiamo
la silente la parte nostra,
che fiera s'alterna
nel delicato equilibrio.
Risa e riflessione
turnando-si sorreggono,
spinti, ogniggiorno, fin'al limite nostro.

Estenuati a Ponferrada
nelle foto pare fiaba,
finch'all'ora di dormire
sott'al cielo di Lorenzo
-nell'incomodo ristoro-
la Sua mano sa colpire.

Acceso quel mattino,
non sol di Sole acceso.
Bramando quel silenzio
solitario ché del Ciel
la mancanza mi pervade.
Ancora.
Finché giunge delicata,
fedele la tua venia.

Nell'ora rovente, stremato tesoro,
venisti per me.

É la tenebra stellata
che ci vede ripartire;
al vigente fardello pronti.
Ostica l'ascesa,

ma sublime la vista
e noi, in'ottima forma.
Nell'insieme pronunciar
eccelsa l'ode.
Per lui -che di Lui- è prode servo.

Oh qual trionfo
n'su la pietra di Galizia!
Festoso quel piede
che pesta Cebreiro.

L'etere tersa
ch'incide poemi di nubi radiose,
narra del calice 'l segreto.
Mentre sagome di nebbia
già risuonano l'addio.

Tuttora perviene
la scors'allegria
ch'all'apice sfiorava
sembianza di pazzia.
Giappiù dal grano 'ncorniciata
ma dal fresco verdeggiar.

E nel calar del sole
nell'hombre delle stelle c'imbattiam.

Oh qual diletto
l'assaporar di selve
nel pacato camminare.
Fin che giunge la pietra
scandendo le miglia.

Al paziente rinnovo
dell'infocata Stella,

l'abbraccio corona
la prima ricorrenza;
cinta nel dono
d'innata Provvidenza.
E 'n insolito brillare
nel giaciglio compare.

Oh, prossimi al final
benvenuto sei Tu
che cammini con me;
ed oggi -con me-
claro t'odo camminar.

Patisco serena
l'incomode turbe
ché -nel cor mio-
certifico ultime.
E nel fresco conocido
emoziona 'l nostro dire,
che ci sente definire
"la pareja del Camino".

Più di trenta miglia
la tappa nostra,
la nostra ultima.
Pochi
se lo sguardo volgo addietro,
ove Saint-Jean è sfida lontana;
Pochi, sui molti percorsi.
Molti, per la tappa d'un sol giorno.
Ed eccoci -nel buio- partire.

Affollata la via
-oggi come mai-
se la pietra scandisce

numer'esigui.
Detiene la fronda
l'intim'attesa
che brusca s'arresta
pe' dire di donna.

Grida silente,
anim'adirato
s'il core del Camino
vede deturpato.
Fin sul monte
echeggia l'eresia
e l'angustia mia.

Discesa lesta,
in palmo tuo riparo,
s'il passo del santo
-millenni addietro-
tento pensar.

Varcata la soglia,
lesta si scaglia
l'irta battaglia.

Finch'all'ora del trionfo
schiudo lenti l'occhi miei,
per meglio degustar
l'arcana meta.

Maestosa, incolta, antica
di Santiago cattedral'el ciel perfora.

Tripudio d'onor
Tu, ne la veste pellegrina,
sott'i piedi de' Signor.

Ma dov'è l'occhio lucente?
Che lamenti mesto cuor?
Oh deserto disincanto
nel frastuono de le genti
non soddisf'il tuo languor.

E fuori,
sul gradino dell'arcaica meta,
il piangente pellegrino
si rispecchia nel mio mare,
che -disciolto 'l nodo
de l'errato nido,
nel furore del diverbio-
vi ribolle 'l naufragare.

Sale, dell'intim'acque mie
sali, all'occhio mio lucente
che lucente -al fine- piange.

Versa torbidi singulti
ché la moda de la meta disincanta
e nel pianto suo sfinito
si depura l'amarezza
e s'accende
e si rinnova -ancora-
quell'anima che piange
al solo Tuo richiamo.

E fedele -come ieri-
s'eleva immenso 'l grido:
grazie.

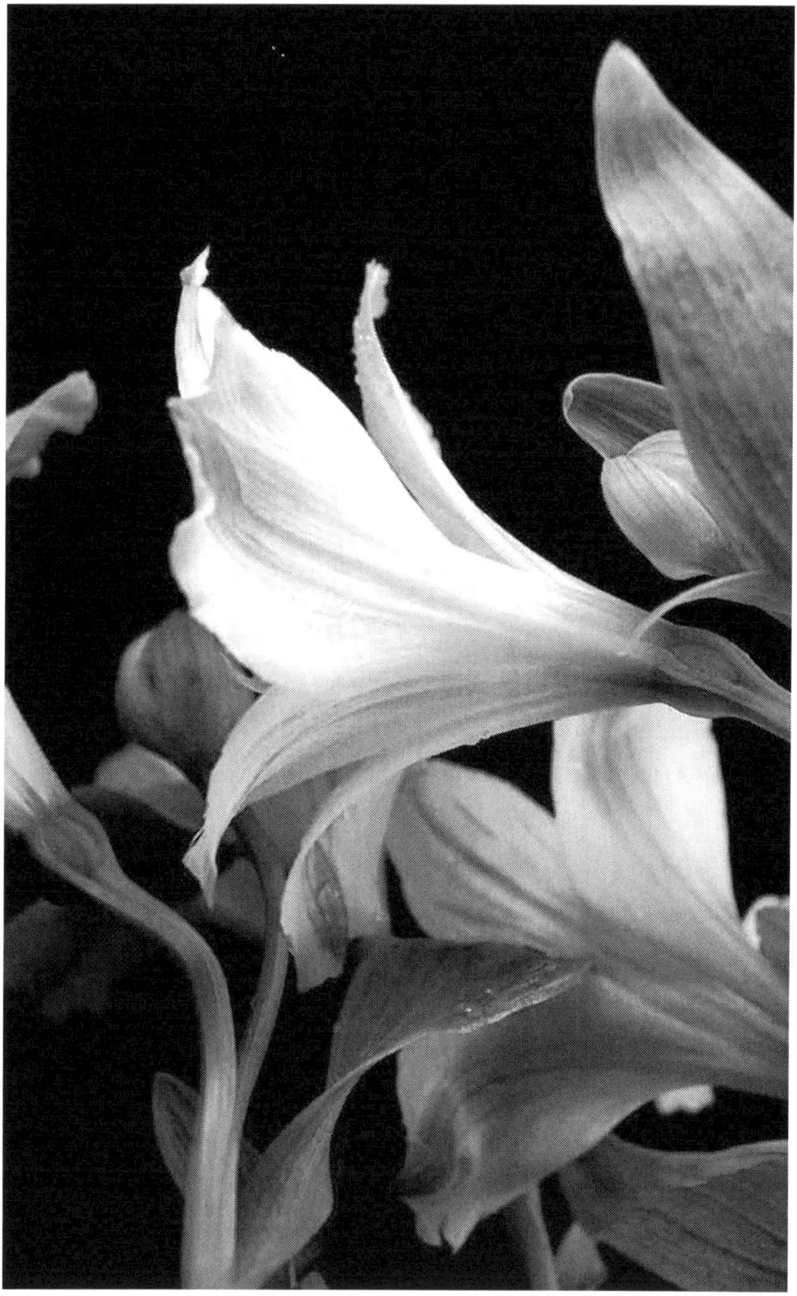

Pacata ambrosia
30/10/2010

Sei brezza che soffia,
la placida aire che smorza
il caldo che gelido m'arde.
E delicato voli
e stemperi
l'onda bollente
che tiepida si placa
di tua -pacata- ambrosia;
mentre 'l rovo ch'avvampava
d'istinto -col vento tuo dolce-
diviene
un candido giglio.

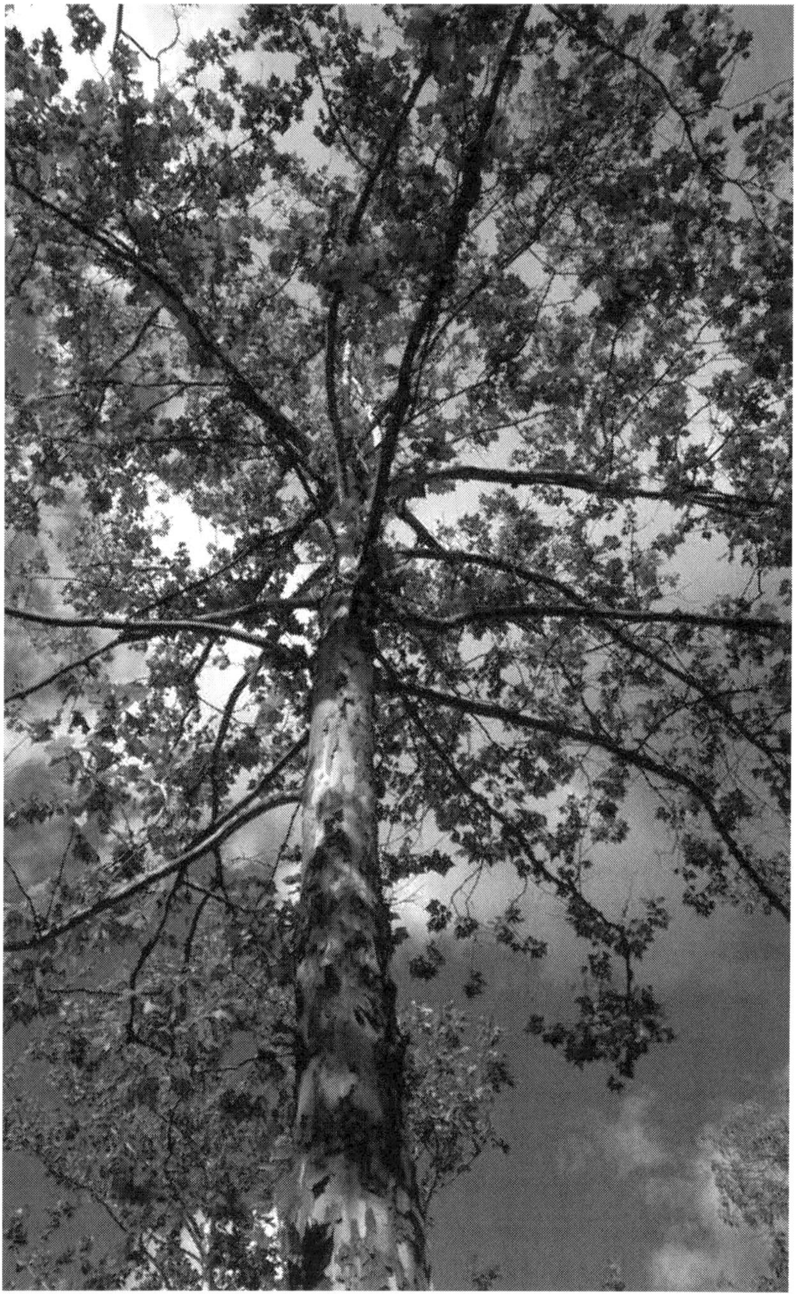

Redento
31/10/2010

Ad ogni battito d'ali
si schiude l'abbraccio
Rabbì.
e chi tra noi prescelto
rinsavito come perla lucidata
roteando in fin sul sicomoro salirà?

Ed al di Lui passaggio
chi
di fiducia con un balzo
sotto l'ala lucente getterà
la pietra novella
d'un cuore levigato?

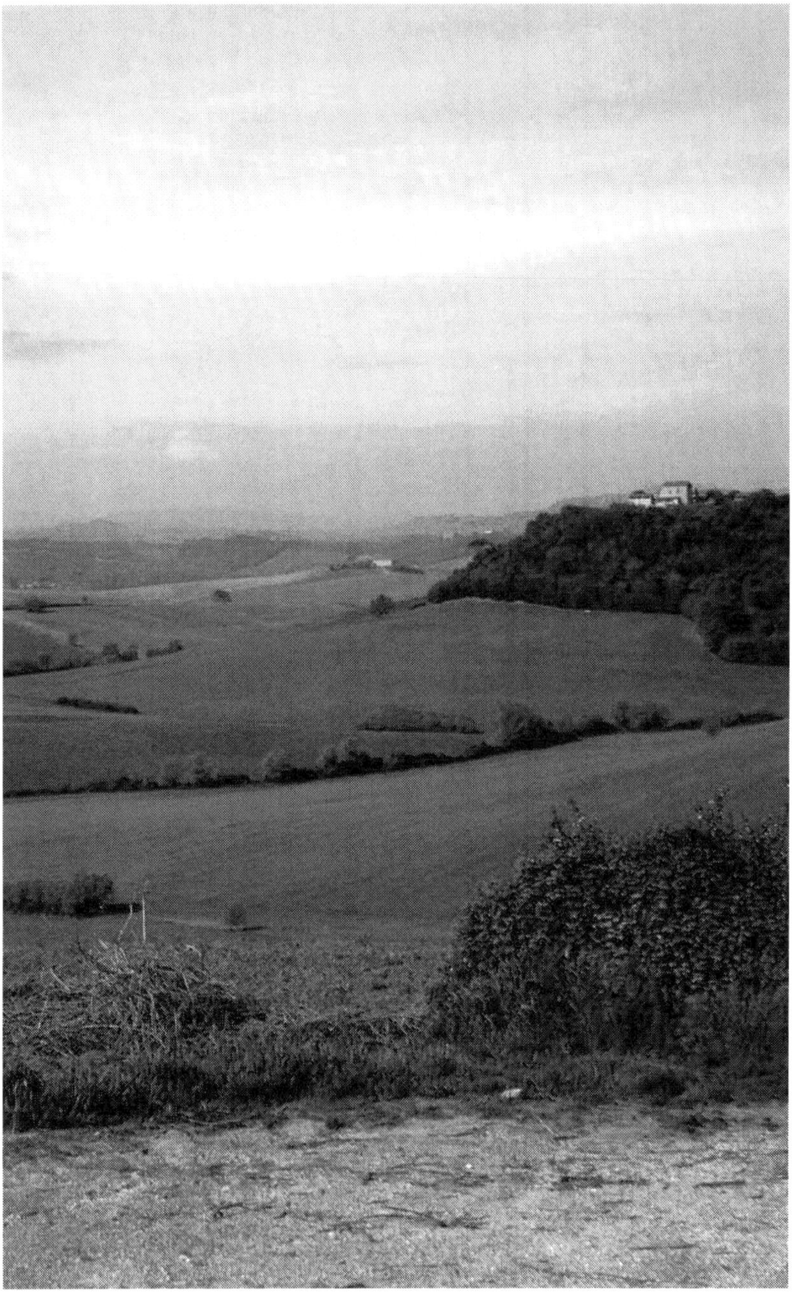

Lupo ammansito
31/10/2010

Colore d'autunno
d'autunno le chiome
taccion addentro 'l lupo selvaggio
e 'l lupo tu ammanti
in sul tuo morbido colle
che di belva la fauce
diviene
'n angelico riso.

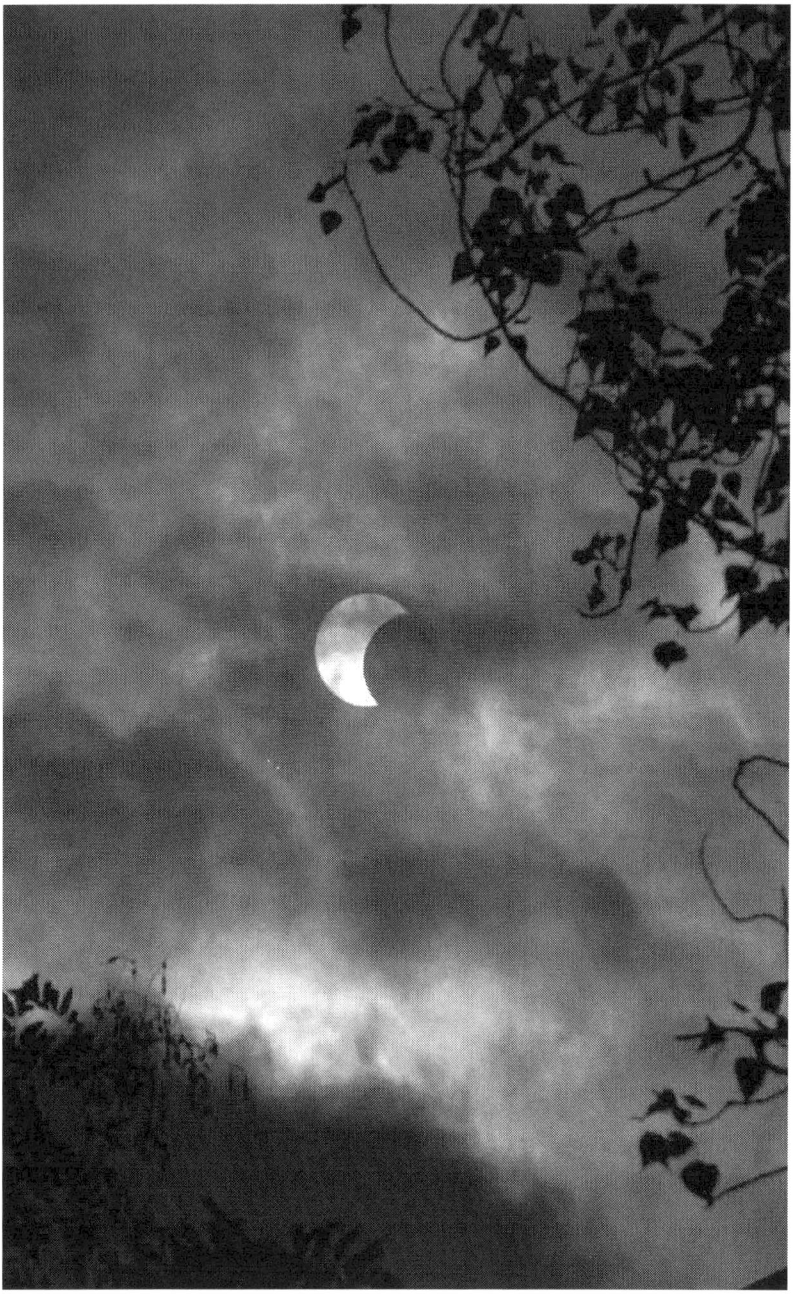

Eclissi
01/11/2010

Figlio de la vita
tu sei, giorno,
ch'accende di luce
le false credenze;
figlia degl'inferi
sei, notte,
ch'arreca nel sogno
cemento d'oblio.
Convulsa rincorsa
di tenebra e luce
cinta di sospiri
tu sei, poesia

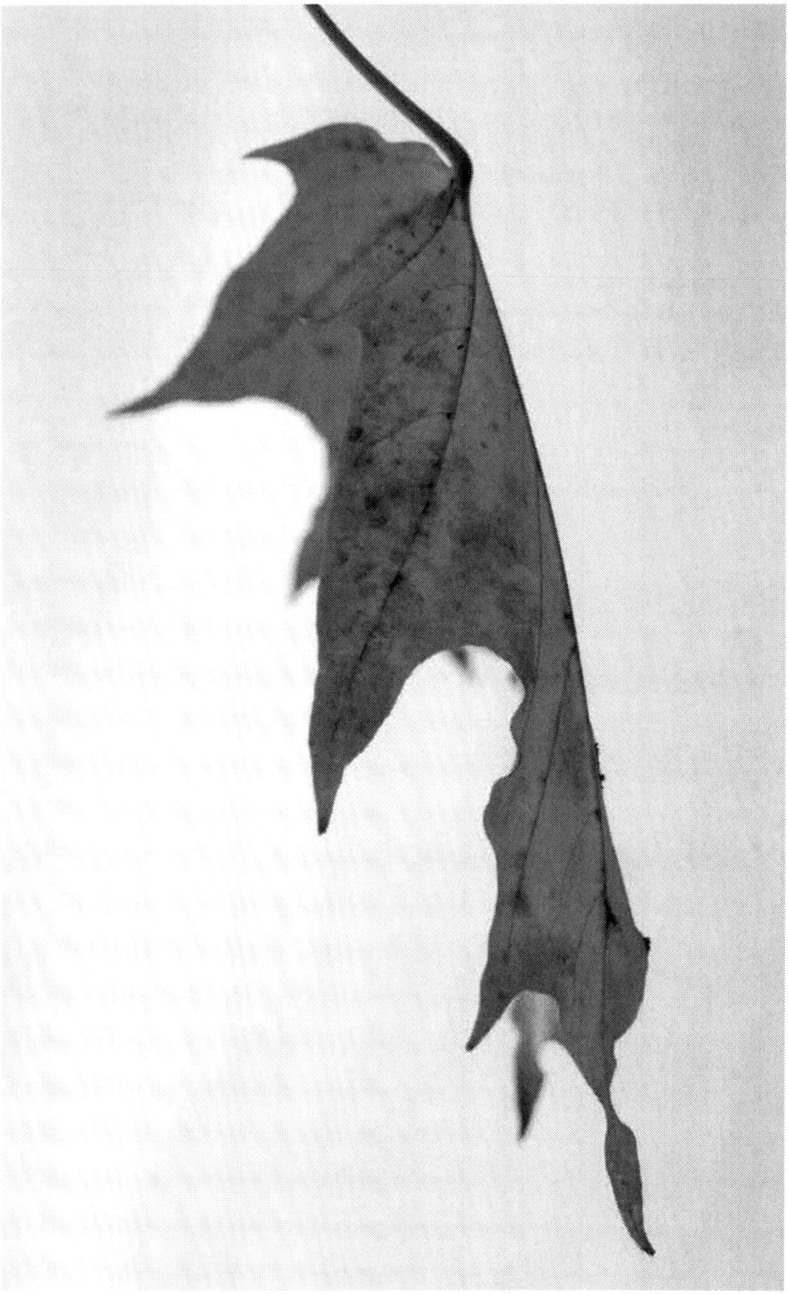

Anima di foglia
14/11/2010

Dove sta l'arco verdeggiante
che d'oro dipinse le fronde
ch'epuravano 'l ciel?
Solo secchi tralci mesti
oggi, nell'inganno
a coronar le grigie sponde
di velata nostalgia.
E se muore tutt'intorno
la ridente giovinezza
scorgo rami nello sguardo
in quel di lui che forestiero
ha gli stessi solchi miei, in sul viso.
Pelle di corteccia
su le vene d'un arbusto
che pur giovane detiene
stanca, la linfa congelata
ch'al venire dell'umana glaciazione
fa la foglia
morire.

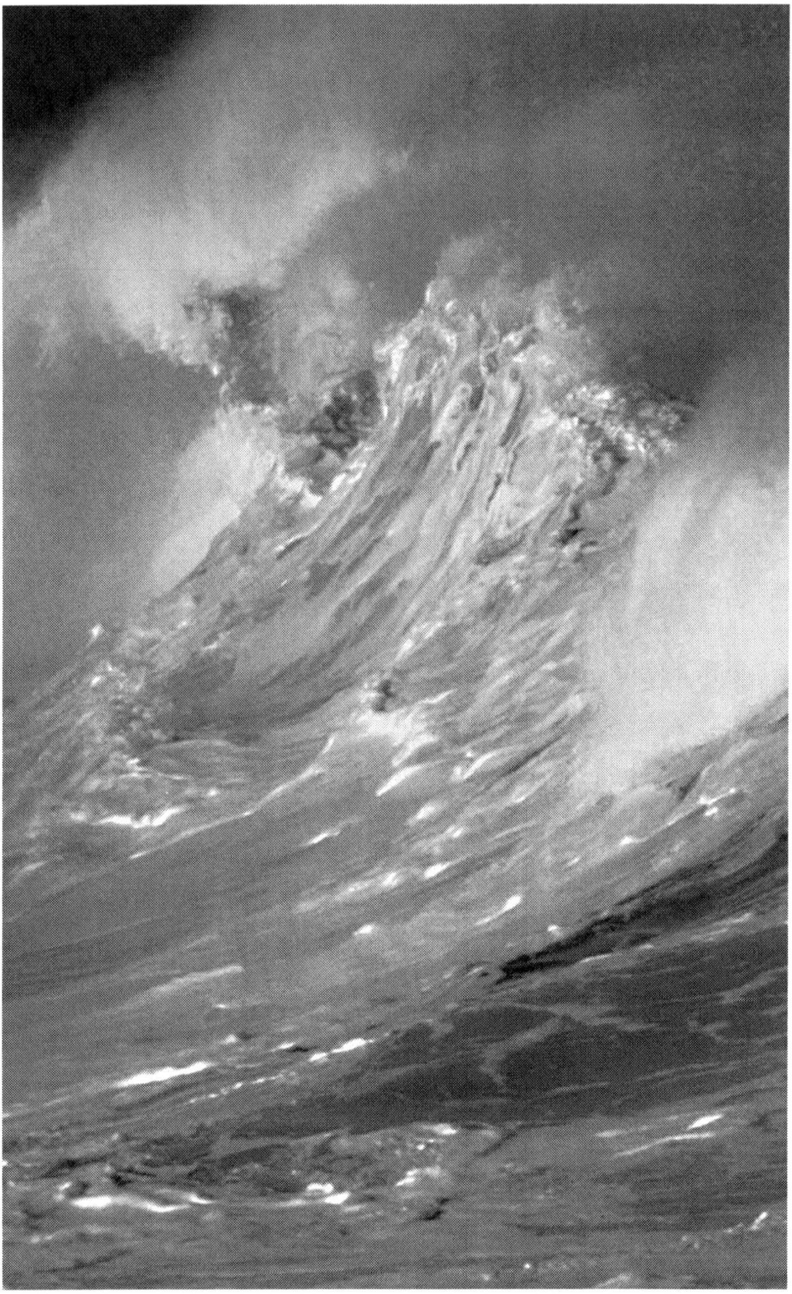

Antica eco
26/12/2010

Qual sublime poetar, il cor mio disseta

degl'antichi poeti 'l coro si reca

nel mar dell'immenso, spazio s'espande

che se non l'afferro, 'l core si strugge.

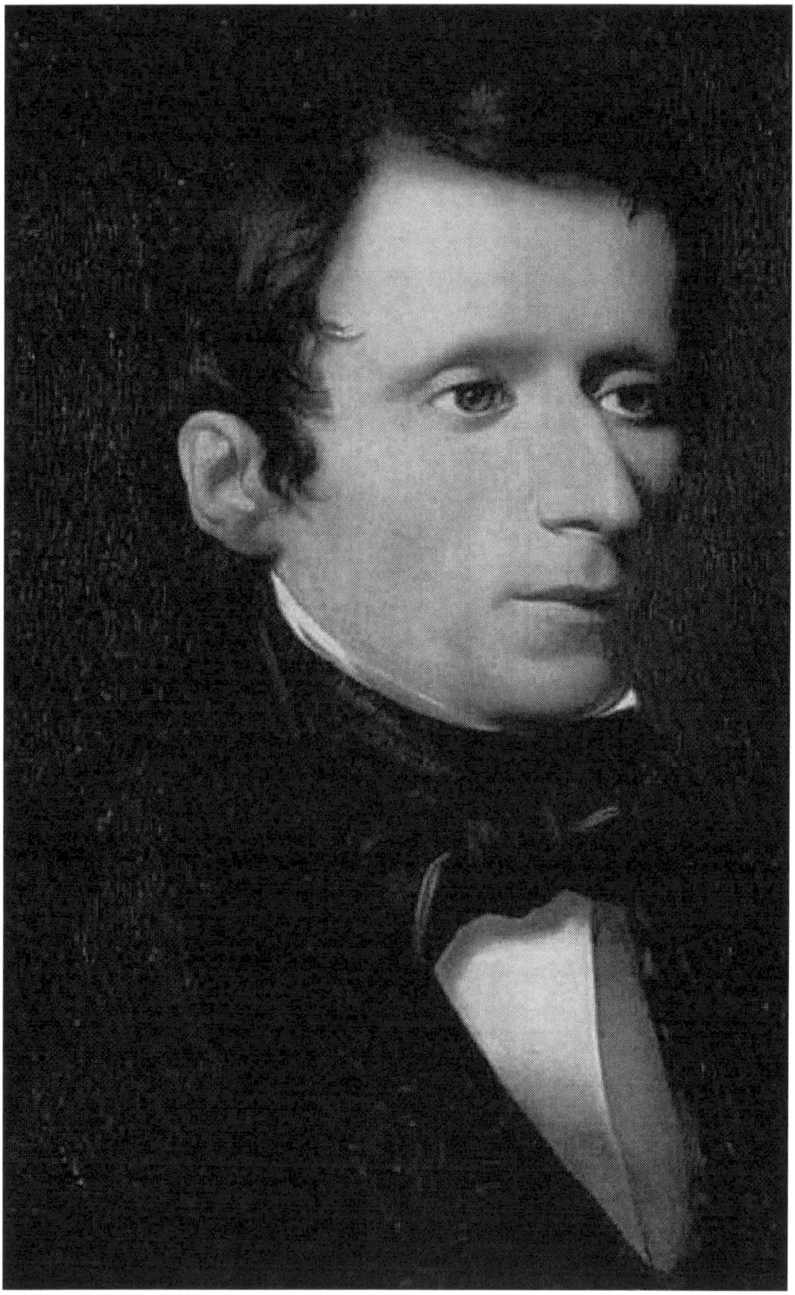

Eterna nobiltà
21/01/2011

Oh qual purezza,

nobile l'animo d'ameni poeti.

Ove s'annega di Leopardi 'l pensier,

ove Boccaccio a giunta mano piange,

ove sobbalza -a vetri appannati- 'l cor del Carducci,

ove Foscolo s'aquïeta al nulla eterno,

ove la penna del Pascoli inneggia grata l'ederella,

ivi s'estende l'animo mio

e al dolce poetar silente s'accoda.

Che se d'umile verbo ancor si nutre,

nell'abisso d'eterni poeti, lui pure

naufraga.

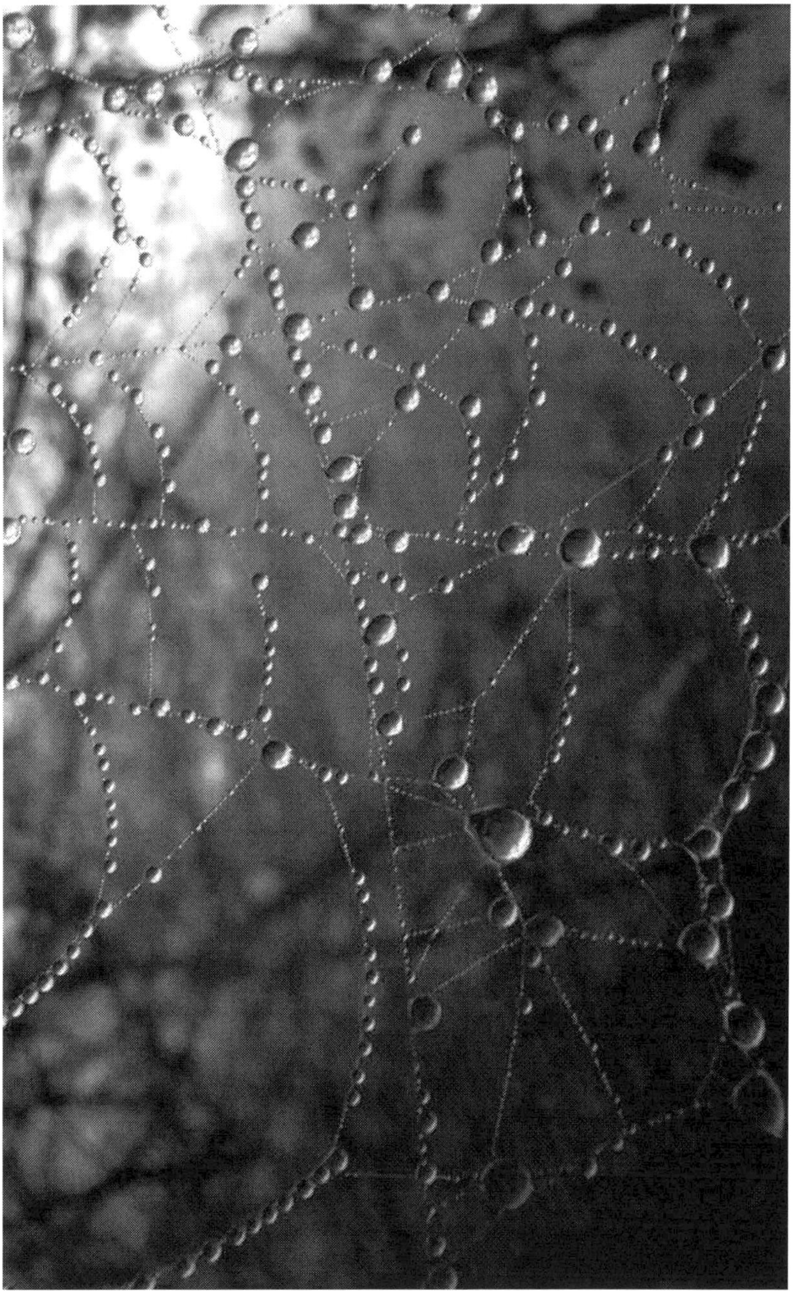

La tela
23/01/2011

Tessi la tela
Ragno
e filo dopo filo dalle forma
ché io possa
-funambola-
procedere spedita
lungo spaghi d'armoniosa simmetria.

Tessila tesa
Ragno
ché 'l piè mio poggi saldo
-ad occhi bendati-
sul creato de' più antico tessitore.

Tessila fitta
Ragno
ché nel mio vacillare sia rete
per non affondare
-delle aride genti-
nel torbido mare.

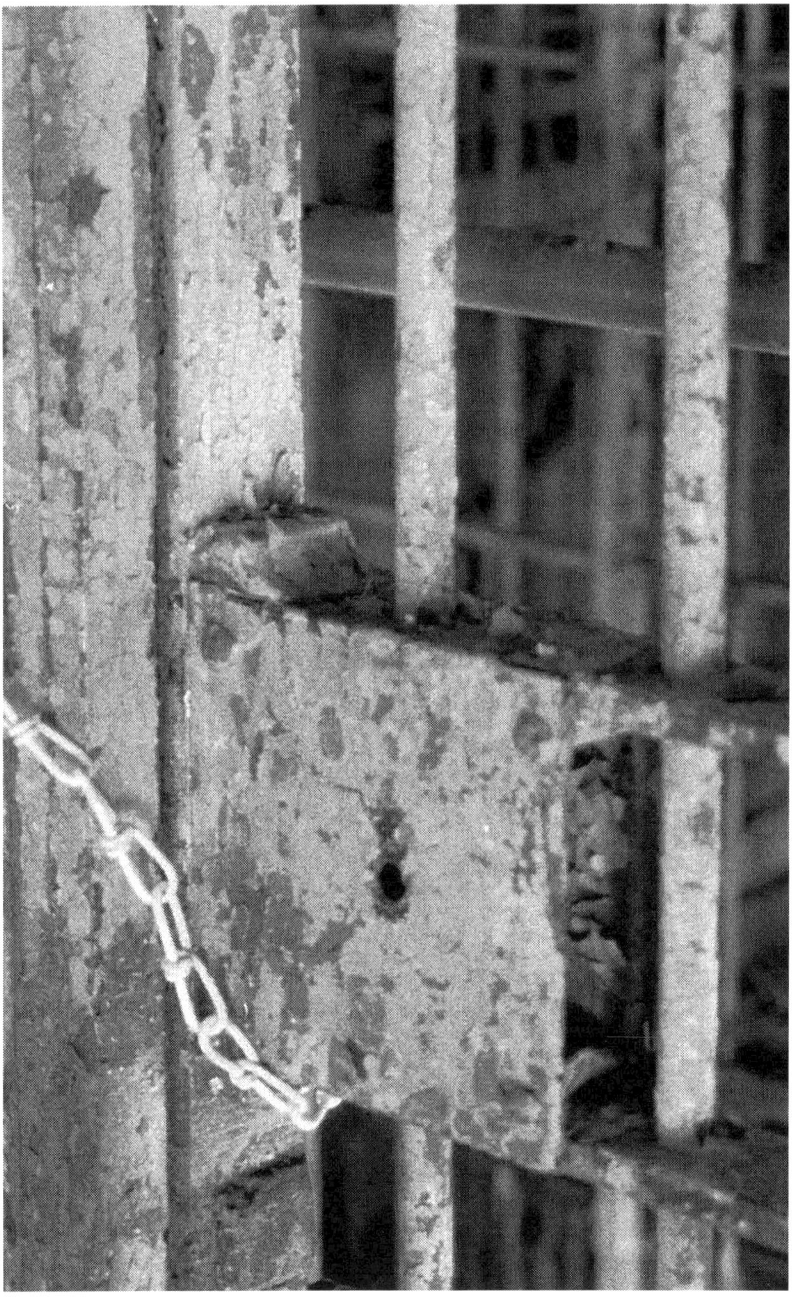

Anima schiava
18/03/2011

Una ruga, sul viso d'anziana signora
il tremore dei suoi arti
che contrasta lo spirito suo, d'avventura.
Un naso, bendato
sotto occhi tristi
che bramano, libertà.
Il trascorrere del tempo
in frivoli discorsi
convenevoli d'un corpo, schiavo
d'un'anima che urla, poesia.
E lei, schiava di lui.

Oh luci dorate
planate nei sogni, nostri terreni
e di vostra beltà
lasciate assaporar
lo splendore d'un sogno
che domani, fluttuanti sarà
la più nitida realtà.

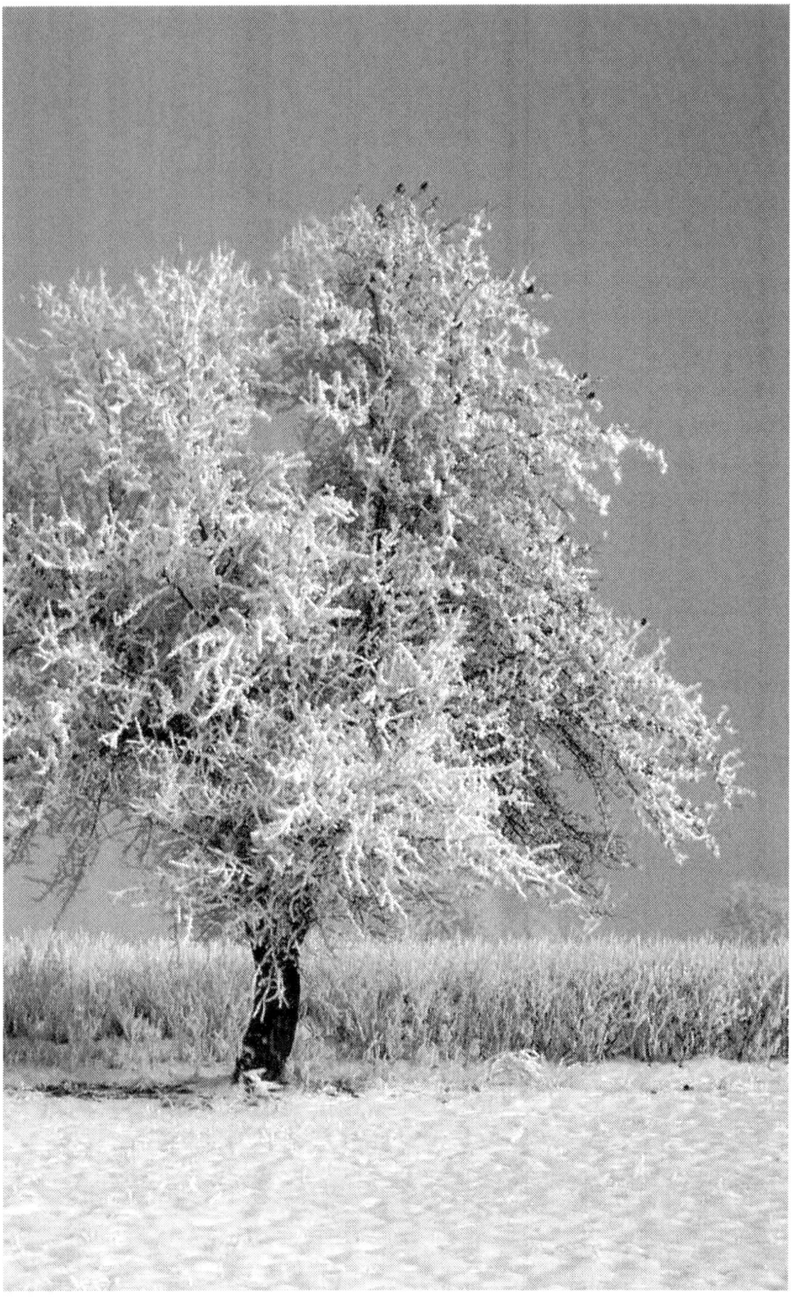

Bellezza
3/05/2011

Cos'è la bellezza?
Ciò che solo con occhi puoi vedere?
É forse bellezza
colei ch'è racchiusa nel frutto più lucente,
nel volto impeccabile di giovane donna,
o nell'innata perfezione d'un petalo di rosa?
É ancora bellezza
se s'un viso levigato
si contorce un malefico sorriso?
Se sul fiore più soave
la carezza si perfora, sanguinante, di spine?
É davvero bellezza
se, d'una mela scarlatta, la vivida scorza
racchiude la polpa d'un letale veleno?

La vera bellezza
non solo l'occhio soddisfa.
É sinergia di luce, candore, dolcezza;
è l'onda che trasporta
d'una poesia l'essenza,
o la pace melodiosa
che traspira dal silenzio.
Non è forse bellezza
la sintesi
della pura parola: neve?

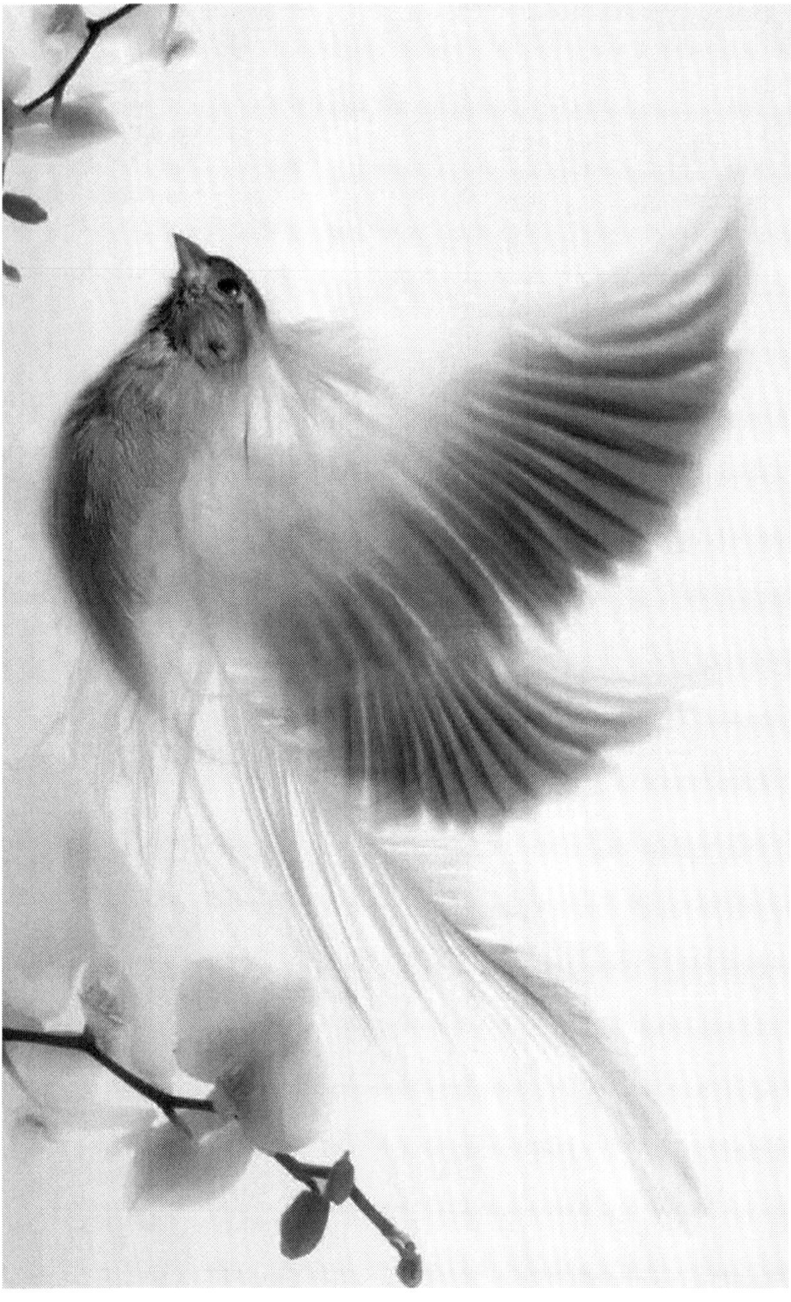

La scia
22-24/07/2011

Ora vorrei
più di prima volare
con te
e per ogni tocco d'arte
con occhi eloquenti
più grandi più belli
cantare.
Nel segreto dei tuoi gesti
sorridere, con te
nel capire solo dopo
-sempre dopo-
la sottile tua presenza.
Ora più d'allora
nel respiro del silenzio
sussurrare vorrei,
all'udito di loro
che sordi non sanno
con occhi chiusi vedere.
Con essi vorrei,
con te, senza fine
scovare la luce
plasmante del passo
che passando diffondi
-la scia-
ed io
se cammino nel vento
-salata, la gola-
complice d'ali
talvolta
afferro.

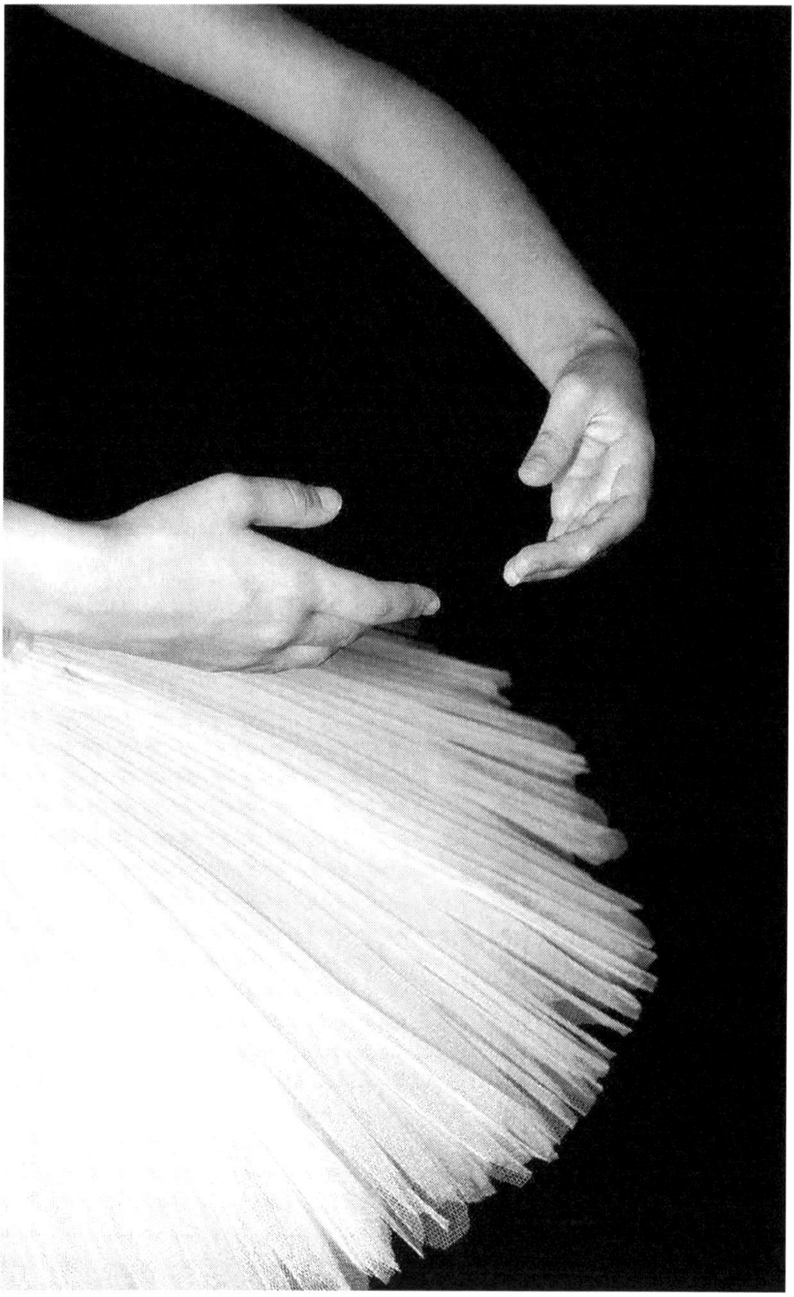

Perfetta sintonia
13/08/2011

Viaggiamo insieme
-due dimensioni-
fuse, intrecciate
ad ogni colpo d'occhio, noi
alternate.

Qual gioiosa completezza!
Nell'incanto d'un sogno
-è qui, tutt'intorno-
danza, lo spirito
ed il corpo con lui.

Celesti creature, venite
v'invito
in sul treno del crepuscolo dorato
nel tepore del vento
-l'amore, al mio fianco-
alla festa di perfetta sintonia
tra materia
e anima mia.

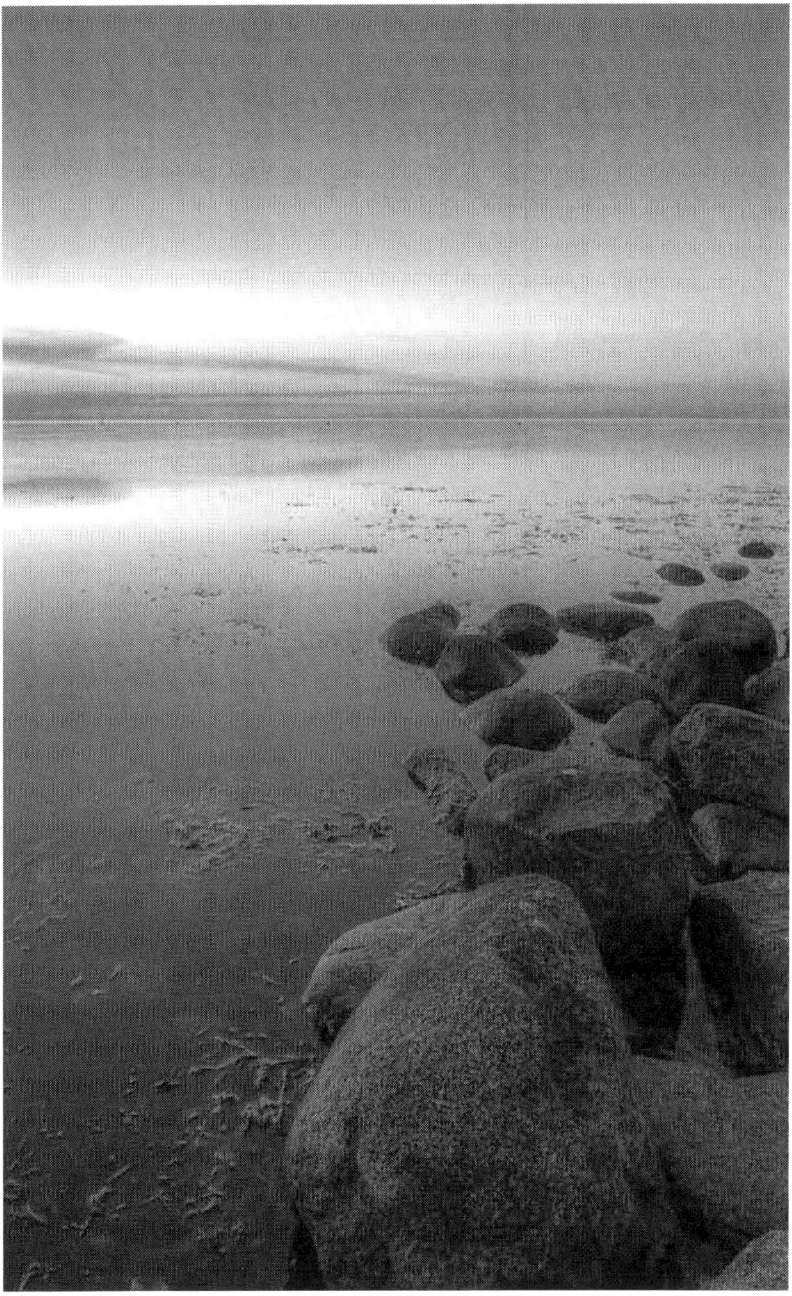

Quel filo di seta sulla roccia
19/08/2011

Immersi nell'azzurro
d'un mare, mischiato di cielo
noi
ancora quel filo
di seta, ci lega
ed io
rivedo un mio gesto
un altro, e ancora
in quello di donna
distesa distante,
in lei che vicina
siede scrivendo
e ancora, in lei
tra le braccia, l'amato compagno
oggi, nel blu
tornato presente, lo bacia.

Rivedo pezzetti di me
nell'occhio di lui
che vibrante si posa
sulla riga che divide, gl'elementi.

Ci lega quel filo
sopra la riva, rocciosa di cuori.
Sussulta, il mio
se danzante su note
incise di vento
-dell'acqua, il canto-
si desta
nell'ancora sferica armonia
dove l'anima tua, selvaggia
-intrisa di poesia-
riconosco nella mia.

Nuovi pennelli
25/09/2011

S'unisce al mio,
sale d'occhi tuoi
e suoi
nel mare ch'avvicina 'l nostro unire.

Un quadro d'ampia tela
soffuso s'allontana
-trasuda gocce salate nel suo scomparire-.

Tassello diviene.
Tassello s'incastra
nell'ampio disegno sfumato di vita.

Riparte.

Lo scorrere lento di nuovi pennelli
-confusa la bozza, sembrerebbe ritrarre ruscelli-
nel paziente creare
la tela d'un sogno,
sii Tu, te ne prego
tavolozza, pittore, e ragno.

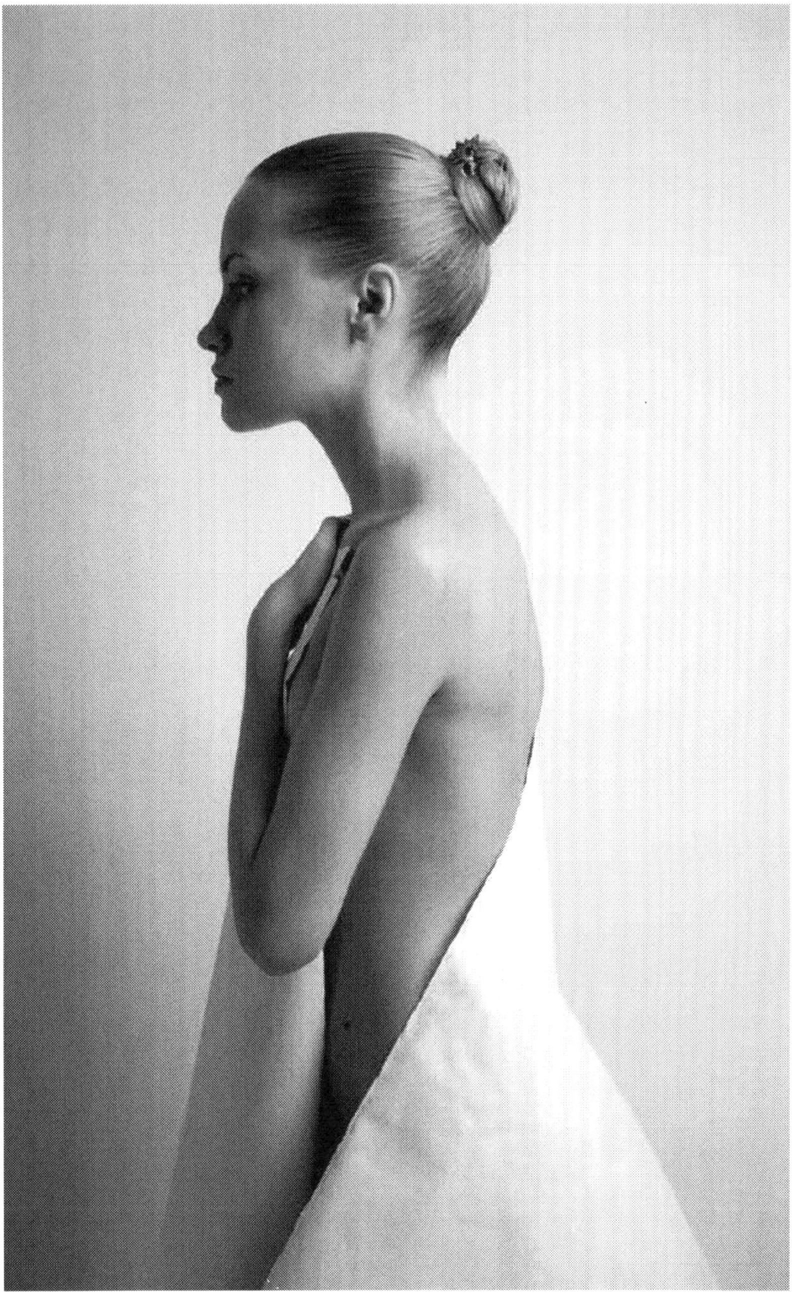

Mutazione
18/11/2011

Se 'l corpo dovesse
subire mutazione,
nell'etere specchiarsi
e mai più da lei staccarsi
(conciliarsi);

vorrei lentamente
venisse perlato
leggero lucente, delicato.

Lo sguardo farei
di foglie ambrate
e piume sul capo, dorate;
di natura profumare
e di sola poesia, parlare.

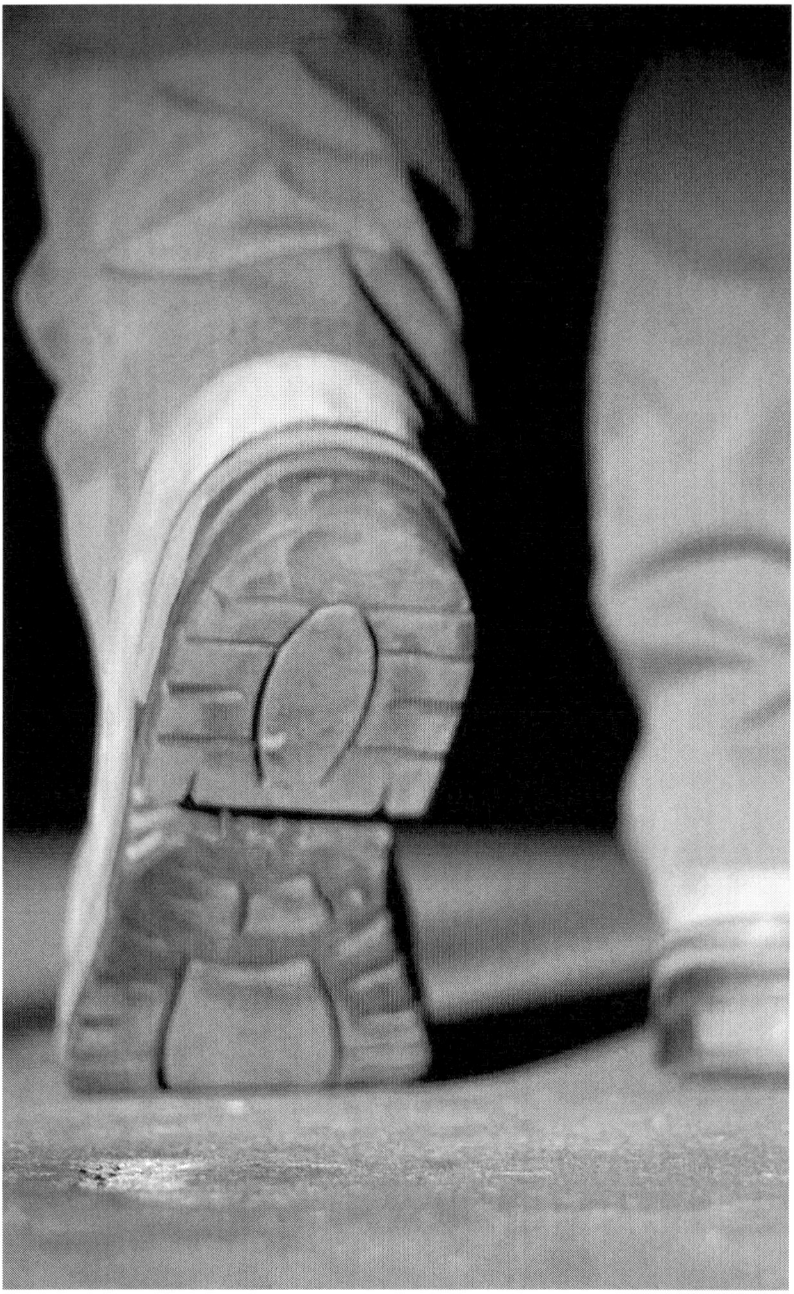

La favola tua
5/12/2011

A mio fratello nel giorno del suo matrimonio

Cammini un giorno
dolente, senza sosta
per distoglierti dal grigio del mondo, della mente
in cerca di risposta.
E mentre ai bimbi si narra di colei
che calzava cristallo,
tu, percorri la favola tua
dove persa non è la scarpetta
ma un impolverato scarpone giallo.

Percorri a ritroso
con silente preghiera, quella strada
ed ecco lentamente
quella nebbia così fitta, nella mente
si dirada.

Lei, cammina verso te:
luce d'occhi tuoi
dal pianto lavati e da lei, ora
rischiarati.

L'hai trovato, lo scarpone impolverato.
L'hai trovata, lei, la favola cercata.

E su verdi deserti
ora insieme camminate
e su vasti cieli tersi
abbracciati volate.

Per poi tornare in tre
col più bel fiore,
frutto dell'amore
che oggi coronate.

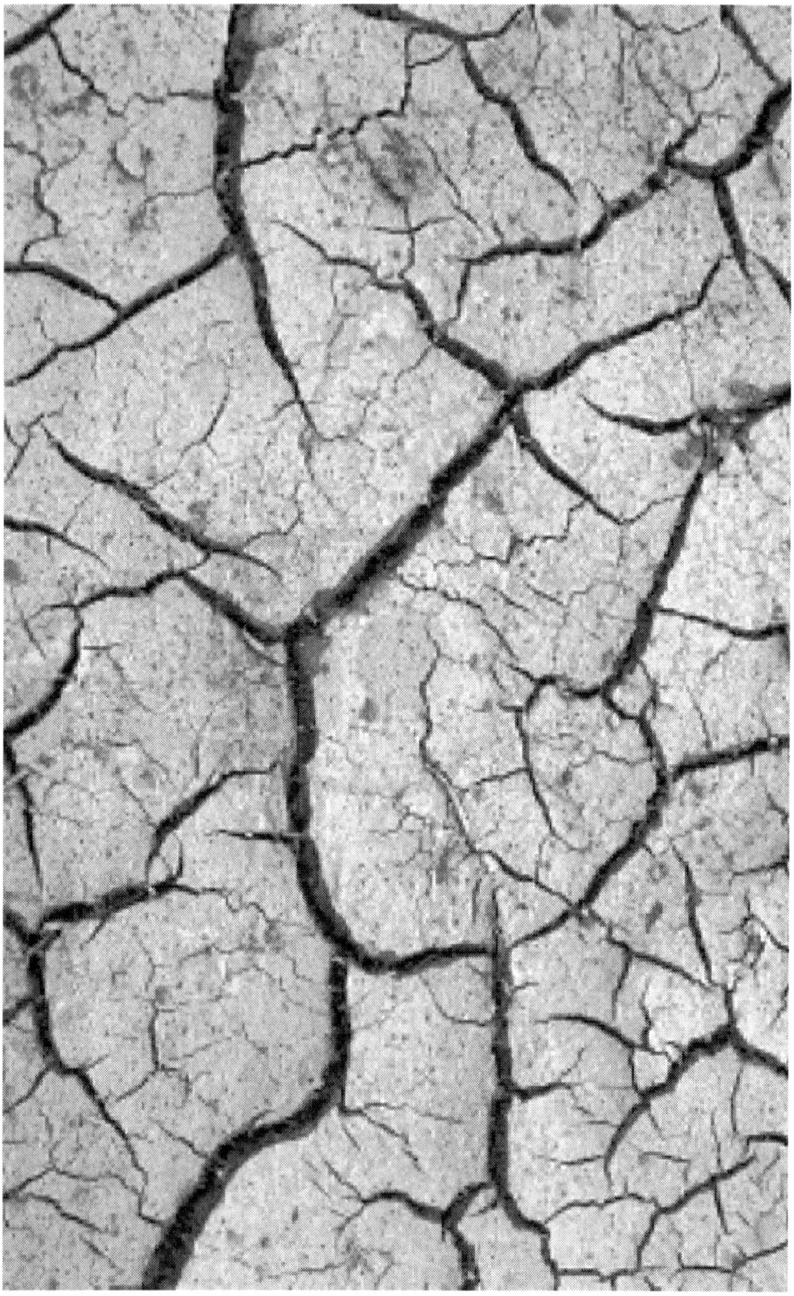

Arido velo
26/02/2012

Di viola vestito, oggi dall'altare
hai gettato un granello di luce nel mare;
e grato, questo mare, già t'omaggia di poesia.

Nell'araba parabola, si diletta l'Artista
con tinte vivaci, vitali - c'allieta
di verdi giardini - c'avverte
saggio educatore
che per ogn'offesa, sui prati fecondi
di sabbia 'n granello poserà.

Qual'uman'abuso!
Colpa dopo colpa
il fecondo verdeggiar s'arena
in'aride spiagge deserte.
Soffoca, 'l filo smeraldo
sotto 'l tappeto bruciato.
Di sterile vita, i prati di paglia.

Solo l'anima caparbia
ch'in volo si scaglia,
può 'l granello sollevare
e l'arido velo spazzare,
in un vortice d'amore
per il verde, di nuovo
-sulla tela smeralda-
far brillare.

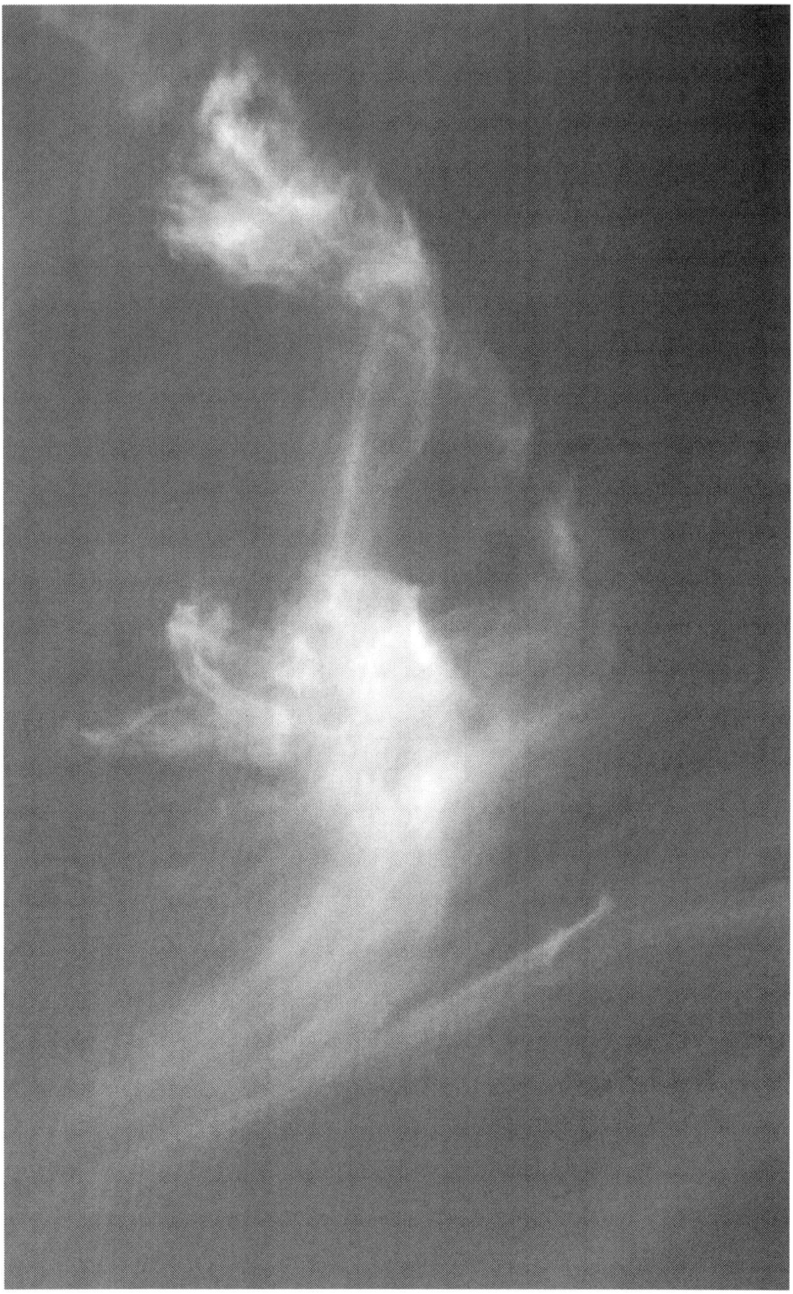

Piangere sorrisi
10/03/2012

Cielo terso,
di candide nubi 'ncidi dipinti
dirigi, l'innato rinnovo.

Plasmasti, di soffice creta
'l Sacro Suo Volto
placando, l'angusto tormento
ricordi?
Piangevo preghiere.

Qual tenero pensiero
quest'oggi, te dinnanzi
memore d'eccelso privilegio, ti scruto.

Duplice, 'l dono
nel dieci d'un giorno, in vece gioioso
rammenti?
Cantavo sorrisi.

Di soffice creta, ancora
l'inatteso regalo, 'mponente
quell'angelo e 'n fasce, il bimbo sorretto.

Piangent'o gaudioso, il cuore s'arresta
con'occhi di luce 'ncantati
a te, via celeste
donati
donando-ti poesia.

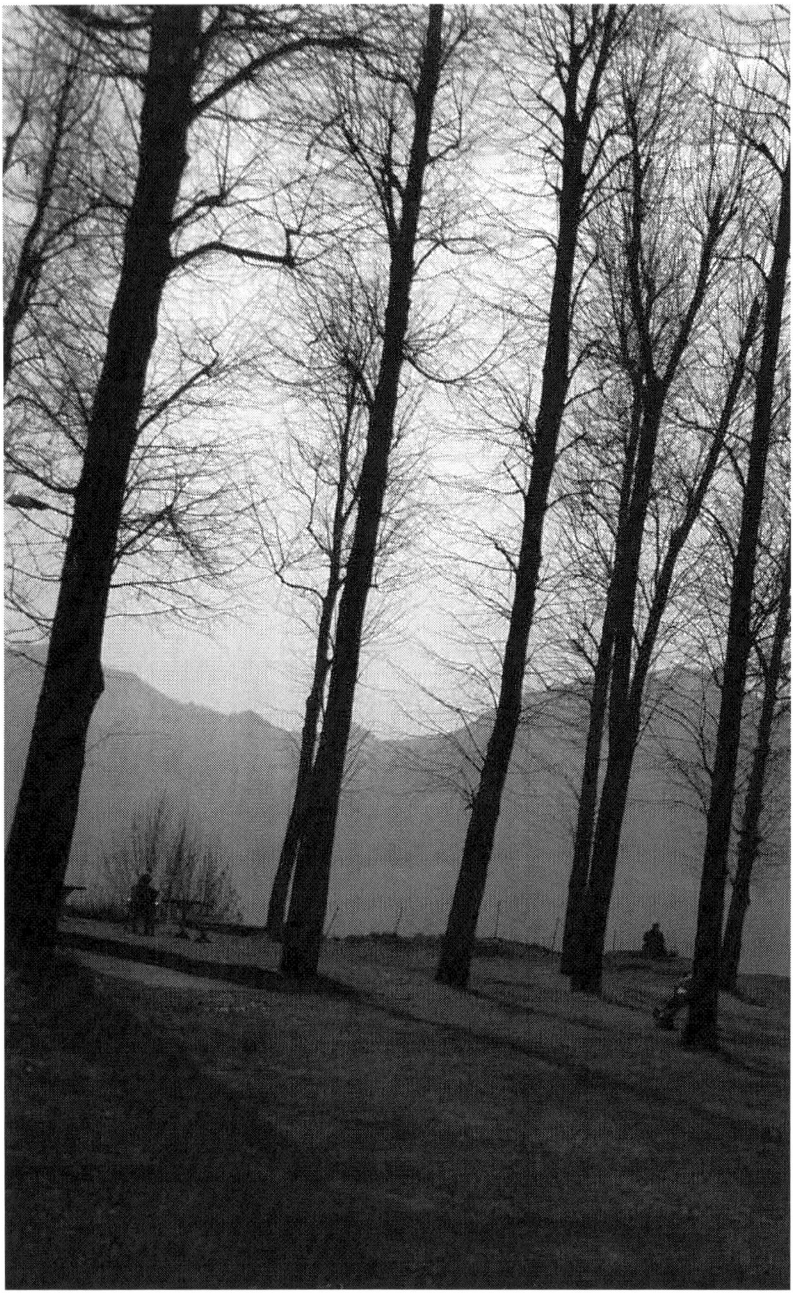

"Bello"
24/03/2012

Qual'immersa meraviglia
d'un luogo, intriso
di salvezza.
Mi ci sposo, ogni volta
nella mente.
Profuma, questo tronco
reciso, di natura.
Suona, questo canto
di risorta primavera.
Accoglie, la panchina
lo sguardo, oltr'i monti.
E le movenze tue
immobili, di saggezza
le sento parlare.

Non v'è luogo più bello.

E s'arresta, la ricerca
dell'ode più sublime
la rincorsa.
Bello. Libertà.
É lo spirito che parte, vi corre.
Danza felice, gaio bambino.
Si nutre.
"Bello".

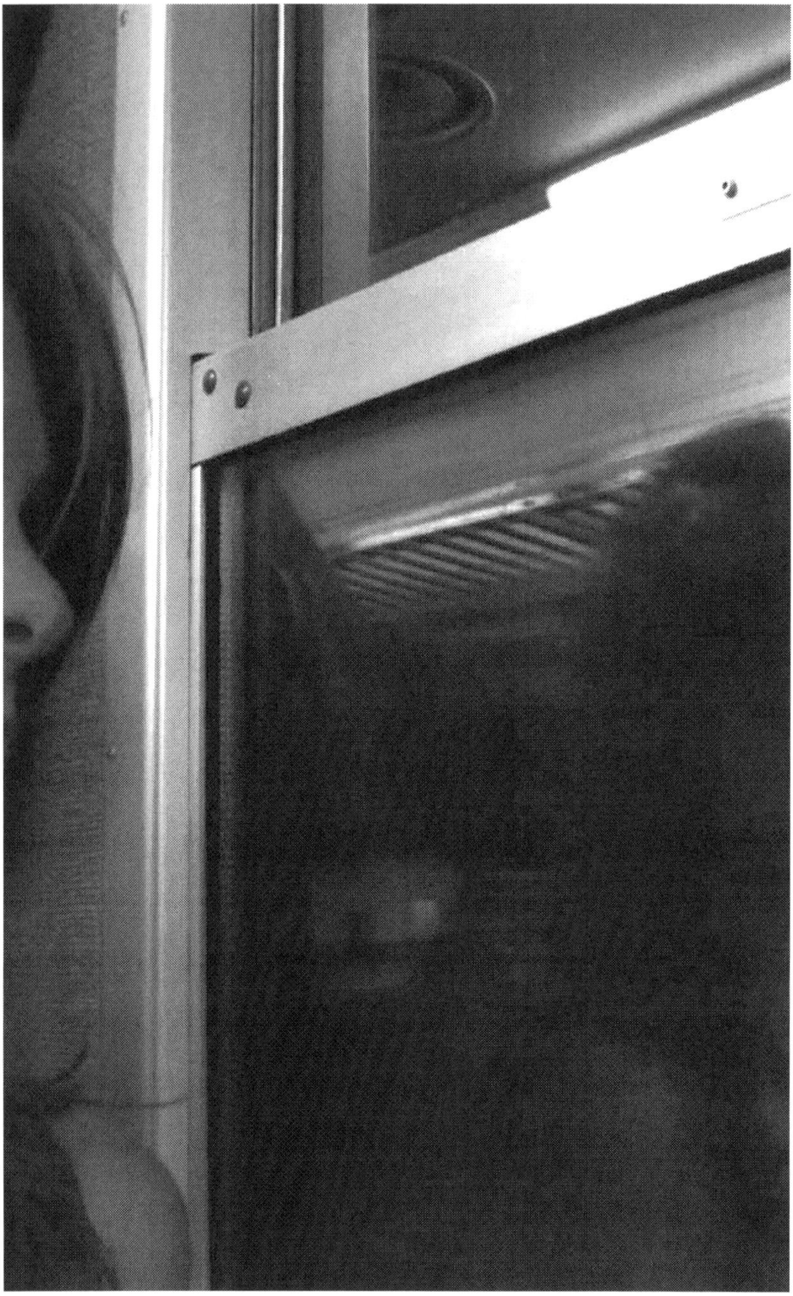

Deraglio
31/03/2012

É normale tremare?
E dimmi poi
cos'è normale
cos'è tremare.

Se la voce si rompe
e la frase si mischia
di parole gettate
bisbigliate
contrastate dall'urlo
che dentro, invece
rimbomba, e divampa.
Esplodono fuori, rinfuse
ché troppo ti percuotono, 'l ventre.
Non le trattieni. Le vomiti.
Così, come escono
le butti.

Vogliate, vi prego
raccoglierle
e voi, più abili
riordinarle.
Nel puzzle, io solo
vi metto sentimento.
Non mi riesce convogliarle
su dritti binari.
Deraglio.

E nel vuoto, mi getto
tra l'ali tue
che delicate le fanno -mi fanno-
ordinate, planare.

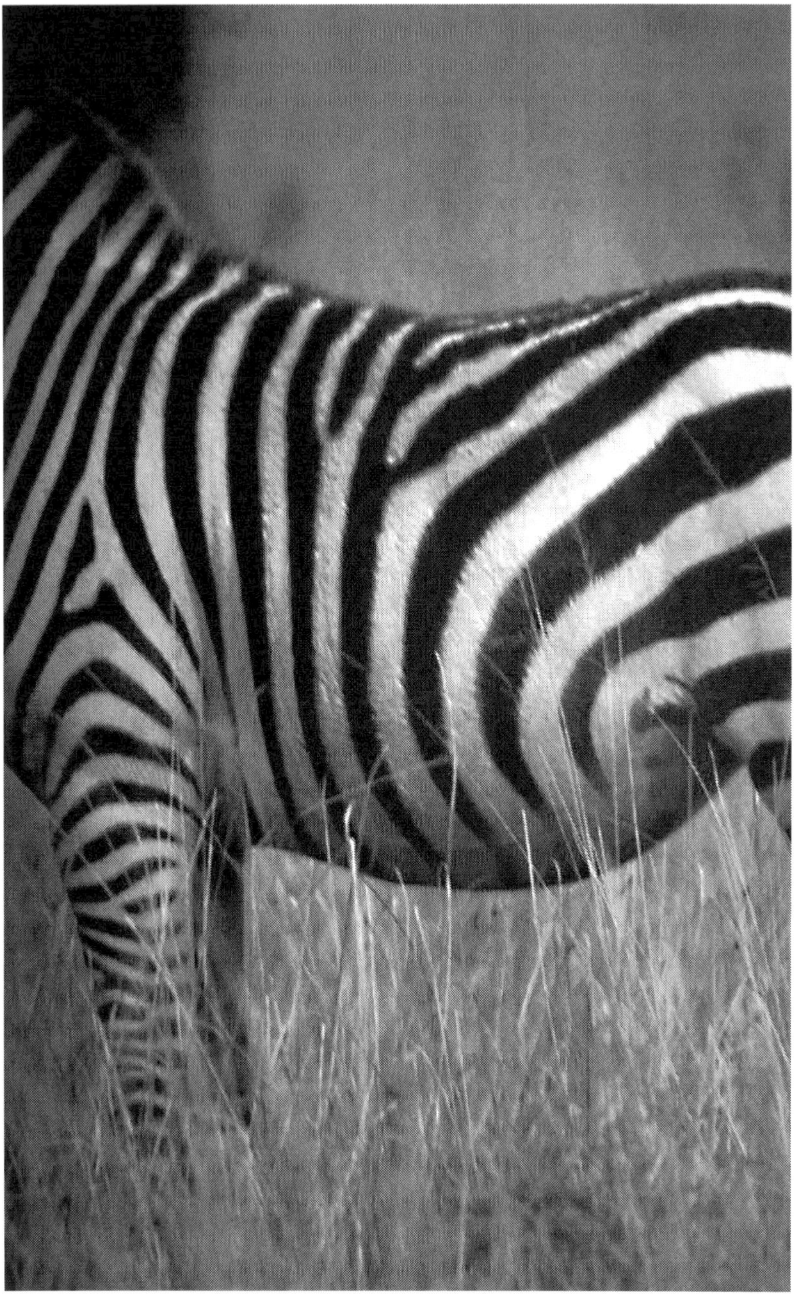

Strisce di parole
21/04/2012

Su manto di zebra
le strisce son parole
e lei, avvolta di loro
-da loro avvinghiata-
è vita.

Fugge
'l predator che mai
concede tregua.
Tregua che mai, concede vita.
-l'una, senza l'altra
sussiste?-

Lei, zebra.
Lei zebra. Vita. Preda.
Lei, manto di parole
manto di strisce.
Strisce di vita. Vita di zebra.
Vita di preda.

S'arresta; riva d'un fiume
disseta.
Sorseggia.
Scruta. Di scatto riparte.
Rifugge
e nelle strisce, ancora
corre, e vive.

Briciole
23/06/2012

Ricerchi la gioia
quella vera, del cuore

(banale valore?)

La tocchi, l'afferri
ti giri; la disperdi.

Ti pieghi
cogli 'n fiore, lo rinneghi.

L'essenza non è chiara
solo briciole, nel vento
vi ci butto la mano, mi cimento.

Un pugno ne prendo
di briciole (d'essenza). Poche ne comprendo.
Le mangio. Le spendo.

(germogliano nel ventre)

Mi ritiro, là sul monte, nel mentre.
Mi rigiro.
Di nuovo, nuova ridivento.

Passeggio, vi ci ballo
e t'invito d'esultanza
ma fiuto, prontamente
rifiuti la danza.

Inciampa, bambina
nelle briciole che sputa.
Nel buio, smarrita, rifiuta.
Immobile trema.
Cos'è? (tremava Mosè?)

Poi tasta.
L'occhio non vede
la mano tentenna.
Ma basta! (ancora nascosta?)

Esco, allo scoperto
(mi muovo come ladra)
le briciole calpesto, le detesto.
Mi giro. M'arresto.
Le colgo.

Briciole,
solo briciole.
Ma di briciole mi nutro
e una dopo l'altra
rigenero, le semino (scaltra).
Loro, danno vita
e di nuovo, esultanza

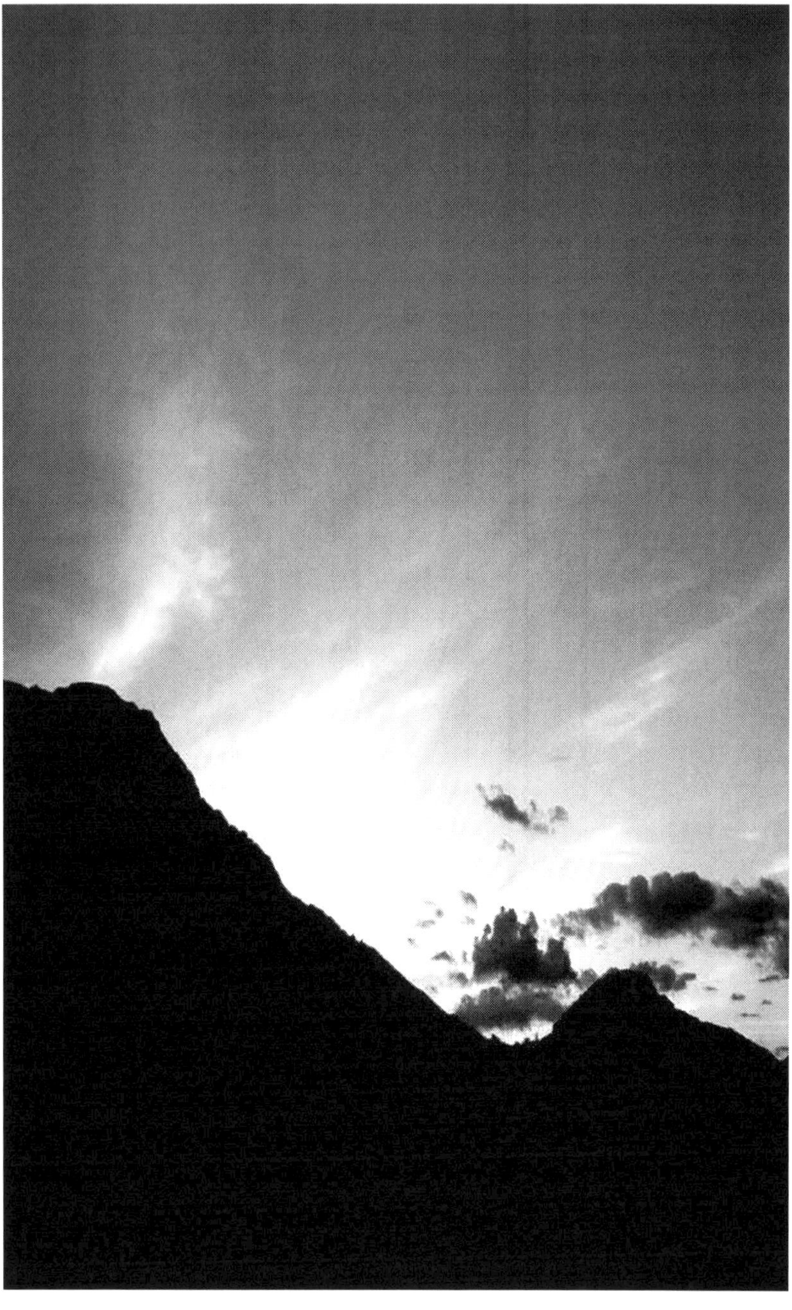

Se davvero dove ero
17/11/2012

Se davvero ciò che vidi
è stato solo sogno
fugace
la rincorsa d'un respiro depurato
per assaporar beltà di fresche nubi
e crepuscoli di cieli più rosati.

Se davvero mi dovevo discostare
dal frastuono turbolento d'un momento
fin'all'ora di trovar
que' nodi sciolti
tramutati 'n bianchi gigli.

Se davvero la salita m'è servita
per avvicinar que' posti
di segreta nostalgia
e librarvi, congedata
quella schiav'anima mia.

Se davvero dove ero
richiedeva la presenza
soltanto
d'uno sguardo lanciato
più 'n alto
o ché solo quel'libro dovev'arrivare
a cuori 'n cerca
di volare…

Se davvero m'ero sporta
su genti più lucenti
e di speme risorta
trarre 'nsegnamenti.

Se davvero mi ravvedo
nel pormi quesiti
ché nel puro di que' monti
-anche solo nell'incanto
fugace
d'un silenzio più loquace-
non scovo le risposte
ma raccolgo conferme
di speranze riposte.

Non occorre capire
io penso
ma solo, del dono
dire grazie
e gioire.

Indice

Presentazione dell'opera 07
A Matteo 11
Il mare dentro me 13
Morta la carezza 17
Sognatrice 19
Il mondo da un balcone 23
Spirito felino 27
Amore represso 29
Maschera di sangue 31
Sento la voce 35
Pianto stanco 37
Quando la musica non c'è 39
Il volto del presente 43
Intenso vagare 45
Dolore 47
Innato rinnovo 49
Immersa-mi 51
Sussurri nel vento 53
Stelle schiave 55
Cuore-bandiera 57
Gelosia 59
Percorso d'amore 61
Ti amo, nel vento 63
Mai perduta 65
Protagonista 67
Nel silenzio 69
che di te 71
Ottimismo inconscio 73
A.N.D.R.E.A. 75
Sogni di realtà 77
Strategia d'amore 79

Grido dell'anima 81
Corre 83
Inerzia 85
Soli 87
Anima lacerata 89
Sciogliersi in poesia 91
Timidi zampilli 93
Bagliore diffuso 95
I tasselli della vita 99
Raccogli l'immenso 101
Straziata boccheggi 103
Onda ladra 105
Fragile potenza 107
Gocce di sale 109
Dolce addio 111
Trema 113
Stanca 115
Cammino di Santiago 2009 117
A Nicky 127
Sguardo sui monti 131
Filo di seta 133
Immobili acque 135
Onirica risposta 137
Nobile preghiera 139
Assopito volo 141
Sale sulle spalle 143
L'offerta 145
Vista lucente 147
Beata beltà 149
Sete di conforto 151

Piccoli	153
Nuvola	155
Seme di speranza	157
Raggiante natura	159
Soffio di quiete	161
Viaggi	163
Cammino di Santiago 2010	167
Pacata ambrosia	179
Redento	181
Lupo ammansito	183
Eclissi	185
Anima di foglia	187
Antica eco	189
Eterna nobiltà	191
La tela	193
Anima schiava	195
Bellezza	197
La scia	199
Perfetta sintonia	201
Quel filo di seta sulla roccia	203
Nuovi pennelli	205
Mutazione	207
La favola tua	209
Arido velo	211
Piangere sorrisi	213
"Bello"	215
Deraglio	217
Strisce di parole	219
Briciole	221
Se davvero dove ero	225

Grazie ai miei amati genitori e alle preziose persone con cui ho condiviso le mie poesie in questi anni. Grazie per avermi sempre supportato. E grazie al mio Luca, per aver concretizzato questo sogno.

Printed in Great Britain
by Amazon